Anneli Billina

Deutsch üben

Lesen & Schreiben C2

Hueber Verlag

Quellenverzeichnis:
Cover und Rücktitel: © ILIA - stock.adobe.com
Illustrationen: Irmtraud Guhe, München
Texte:
S. 20: Yuval Noah Harari, Eine kurze Geschichte der Menschheit, 2018, DVA
S. 107: Victor Klemperer, LTI: Notizbuch eines Philologen, 2007, 23. Auflage, Reclam

4. 3. 2. | Die letzten Ziffern
2027 26 25 24 23 | bezeichnen Zahl und Jahr des Druckes.
Alle Drucke dieser Auflage können, da unverändert, nebeneinander benutzt werden.
1. Auflage

Umschlaggestaltung: Sieveking · Agentur für Kommunikation, München
Layout und Satz: Sieveking · Agentur für Kommunikation, München
Verlagsredaktion: Sonja Ott-Dörfer und Katharina Zurek; Hueber Verlag, München
Druck und Bindung: Friedrich Pustet GmbH & Co. KG, Regensburg
Printed in Germany
ISBN 978-3-19-797493-4

Art. 530_27514_001_02

Inhalt

Vorwort

Liebe Lernerinnen, liebe Lerner,

Deutsch üben **Lesen und Schreiben C2** ist ein Übungsbuch für weit fortgeschrittene Deutschlernende mit Vorkenntnissen auf dem Niveau C1 zum selbstständigen Üben und Wiederholen.

Es eignet sich zur Vorbereitung auf einen Studien- oder Arbeitsaufenthalt in deutschsprachigen Ländern und zur Aufrechterhaltung und Vertiefung vorhandener Sprachkenntnisse.
Mit **Lesen und Schreiben C2** können Sie Kurspausen überbrücken oder sich auf die Prüfungen der Niveaustufe C2 des *Gemeinsamen Europäischen Referenzrahmens* vorbereiten.

Deutsch üben **Lesen und Schreiben C2** orientiert sich an den gängigen C2-Lehrwerken und Prüfungsinhalten. Die abwechslungsreichen Leseverständnis- und Schreibübungen behandeln gesellschaftlich relevante Themen und trainieren den zugehörigen Wortschatz.

Die authentisch gestalteten Texte spiegeln dabei viele wichtige Textsorten wider, die Ihnen in den verschiedenen Medien, in Alltag und Beruf begegnen. Abwechslungsreiche Übungen vertiefen Ihr Leseverstehen und geben Ihnen darüber hinaus mehr Sicherheit im schriftlichen Ausdruck.

Im Anhang finden Sie zu allen Übungen einen ausführlichen, übersichtlichen Lösungsschlüssel.

Viel Freude und Erfolg wünschen
Autorin und Verlag

A Natur und Umwelt

A1 Ruf der Wildnis

1 a) Sie haben im Internet verschiedene Seiten entdeckt, die ein Überlebenstraining in der Natur anbieten. In Ihrem nächsten Urlaub wollen Sie einmal diese Erfahrung machen und verschaffen sich schnell einen Überblick über die verschiedenen Kurse. Zu welcher Anzeige (A, B, C, D) passen die Aussagen (1 – 9)? Für jede Aussage gibt es nur eine richtige Lösung, aber jede Anzeige kann mehrmals eingetragen werden.

1. Nach dem Kurs könnte ein Tag Pause notwendig sein: B
2. Ein Messer, das auch geeignet ist, ein Tier zu schlachten, ist mitzubringen: _____
3. Das Programm kann flexibel gestaltet werden: _____
4. Man wird vorab informiert, welche Ausrüstungsgegenstände genau mitzubringen sind: _____
5. Der längere Kurs ist im Verhältnis billiger als der kürzere: _____
6. Nur naturverträgliche Kosmetika sind erlaubt: _____
7. Man lernt, sich selbst zu helfen, wenn man verletzt und ganz auf sich gestellt ist: _____
8. Teil der Ausbildung ist es, sich defensiv zu verhalten und sich bei Gefahr zu verstecken: _____
9. Konsequenz des Kurses ist es auch, wieder intensiver mit sich selbst in Kontakt zu kommen: _____

Anzeige A:

Survivaltraining Basiskurs – Entdecke deine Urkräfte!

Hast du nicht auch Sehnsucht danach, einmal wieder alles selbst zu entscheiden und selbst zu verantworten? Einst lebten Männer wie Frauen in nahezu magischer Verbindung mit der Natur, heute sind wir alle degeneriert zu Erfüllern fest getakteter Vorgaben, abhängig von diversen Hilfsmitteln und -mechanismen, vermeintlich unfähig, die Verantwortung für uns selbst und unser Überleben zu übernehmen.

Beweise deiner Umwelt und dir selbst, dass du es noch kannst! Raus aus dem Alltag, zurück zu den Wurzeln, die allein in der Natur liegen! Du wirst entdecken, dass dieses Erlebnis dich verändert, dich wieder mit deinem ureigensten Wesen in Verbindung bringt.

In einem fünftägigen Basiskurs lernst du alle Fähigkeiten und Techniken, die du für ein Überleben fernab der Zivilisation brauchst. Gewinnung von Trinkwasser, Bau eines schützenden wetterfesten Unterschlupfs, Feuermachen ohne technische Hilfsmittel und Zubereitung pflanzlicher und tierischer Nahrung stehen auf dem Programm. Doch auch das Miteinander und der Spaß kommen nicht zu kurz. Lass dich auf das Abenteuer ein!

Kosten:	790 € pro Person
Ausrüstung:	festes Schuhwerk
	Alltagskleidung
	optional Regenkleidung
	Rucksack
	Waschzeug (biologisch abbaubare Seife und Zahnpasta)
	Schlafsack und Isomatte
	Jagd- bzw. Gebrauchsmesser
	Taschenlampe oder Stirnlampe
Termine:	auf Anfrage
Kontakt:	bewild@web.net / +49–176–58498116

Anzeige B:

Überleben nach der Katastrophe

Das Bundesamt für Katastrophenschutz rät jedem Bürger, sich mindestens 14 Tage autark versorgen zu können. Doch stellt man sich die absolute Ausnahmesituation vor, wenn das gesamte öffentliche Leben zusammenbricht, sei es durch eine Pandemie, einen Tornado oder andere Naturkatastrophen, scheint es nicht wahrscheinlich, in zivilisatorischem Umfeld sein Überleben sichern zu können. Und doch werden die meisten Menschen keine andere Chance haben, als sich dem Kampf aller gegen alle um das Wenige auszusetzen. Wer noch weiß, wie er in der freien Natur sein Überleben sichert, ist definitiv im Vorteil.

Der Kurs *Überleben Extrem* vermittelt wertvolle Skills und damit das sichere Gefühl, für alles gewappnet zu sein – komme, was wolle.

Kursinhalte:	Organisation und Führung einer Gruppe
	Packen eines Fluchtrucksacks
	Navigation mit Karte und Kompass
	Verbergen von Vorräten
	Eigensicherung und Nahkampf
	Sicherung der existenziellen Grundbedürfnisse in der Natur: Wasser- und Nahrungsgewinnung, Wärme und Schutz
	Erste-Hilfe-Maßnahmen
Ausrüstung:	wetterfeste Kleidung
	wasserabweisende bequeme Schuhe
	Schlafsack und Isoliermatte
	(Weiteres wird in einem vorbereitenden Gespräch geklärt.)
Termine:	15.–21.3. / 4.–10.5. / 24.–30.8. / 1.–6.10.
	(Wintertermine auf Anfrage für Fortgeschrittene)
Kosten:	Erwachsene 920 € / Jugendliche (ab 15 Jahre, in Begleitung eines Erwachsenen) 570 €

Zu beachten: Da die Auseinandersetzung mit der Thematik und das zur Überlebenssicherung möglicherweise nötige Töten von Tieren durchaus eine psychische Belastung darstellen mag, wird nach dem Kurs ein freier Tag zur Erholung empfohlen!

Anzeige C

Überleben im Einklang mit der Natur

Wie überlebensfähig ist der zivilisierte Mensch noch? Hast du dir einmal Gedanken darüber gemacht, was du ohne Supermarkt, Zentralheizung, fließendes Wasser, Apotheken und Versicherungen machen würdest? Oder wie dein Leben aussähe, wenn du deine Bedürfnisse auf ein Minimum reduzieren müsstest? Niemand weiß, ob das nicht eines nicht zu fernen Tages notwendig sein könnte – besser, wenn du dafür gerüstet bist!

Doch wie jede Bewegung eines Menschen in der Natur einen Eingriff darstellt, der möglicherweise die Tier- und Pflanzenwelt empfindlich beeinträchtigt, so ist es im Sinne eines sinnvollen Miteinanders unabdingbar zu lernen, wie man sein Überleben sichert, ohne eine Belastung für die ohnehin bedrohte Natur zu sein. Doch wie lebt man an einem sicheren Ort im Einklang mit der Natur und den Elementen?

Der Schwerpunkt der zehntägigen Ausbildung wird sein:

- die Natur als Schutz und Zuhause, nicht als Bedrohung wahrnehmen lernen
- Grundfertigkeiten des Überlebens draußen mithilfe von Naturmaterialien erwerben (unser Kurs ist nur für Vegetarier!)
- fähig werden, den Eingriff in die Natur so gering wie möglich zu halten

Konkrete Inhalte:

- Grundlagen des Lebens ohne Ausrüstung bzw. mit minimaler Ausrüstung
- rücksichtsvolles Verhalten in der Natur (Vermeidung von Tritt- und Vegetationsschädigung sowie Störung der Tierwelt, korrekte Entsorgung hinterlassener Stoffe)
- Wald- und Wiesenapotheke
- Orientierung ohne GPS
- Seil- und Knotenkunde
- Sicherheit durch Unsichtbarkeit

Mitzubringen sind:

- wetterfeste Kleidung und Schuhwerk
- Isoliermatte und Schlafsack
- gutes Messer
- gute Nerven, positive Grundeinstellung und handwerkliches Geschick!

Termine:

ab Januar findet jeden zweiten Monat ein zehntägiger Kurs statt, genaue Termine nach Vereinbarung

Kosten:

1049 € (Gruppenermäßigung bei gemeinsamer Anmeldung von drei Teilnehmern 5 %)

Anzeige D

Survival für Globetrotter

Du reist gern in die entlegendsten Regionen der Erde, suchst den Nervenkitzel und das Abenteuer? Du bist süchtig nach den besonderen Augenblicken der Selbstüberwindung?

Dann solltest du dafür gerüstet sein! Denn was machst du, wenn auf der Kanutour dein Kochtopf von den Fluten davongetragen wird, wenn du auf dem Gipfel feststellst, dass du irgendwo beim Aufstieg dein Messer verloren hast, oder wenn du dir allein in der Wildnis den Knöchel verstauchst? Oder du dich verlaufen hast und dein Wasservorrat zur Neige geht?

All das wird dich nur noch ein müdes Lächeln kosten, wenn du unseren einwöchigen Trainingskurs *Überlebensgefährdende Umstände bewältigen* absolviert hast.

So praxisnah wie möglich spielen wir verschiedene extreme Situationen in den unterschiedlichsten Umgebungen (Berge, Wüste, Meer, Fluss, Wald etc.) und bei unterschiedlichsten klimatischen Bedingungen (Hitze, Kälte, Sturm, Regen usw.) durch. Gerne richten wir uns in dem jeweiligen Kurs auch nach den Wünschen und Bedürfnissen der TeilnehmerInnen.

Dabei wird der Fokus immer auf der Sicherung der Grundbedürfnisse Nahrung, Wasser, Wärme und sicherer Schlafplatz liegen, aber auch Gefährdung durch extreme Wetterlagen, gefährliche oder giftige Tiere und Raub respektive Überfall finden Erwähnung.

Kosten:

viertägiger Crashkurs:	620 €
siebentägiger Intensivkurs:	940 €

Denk daran: Jeder, der dich nach deinen zukünftigen Survivaltrips wieder heil in die Arme schließen möchte, wird sich gern an den Kosten beteiligen! ☺

Termine im April, Juni und September, genaues Datum auf Anfrage

1 b) **Ihre Freunde sind begeistert von Ihrer Idee und wollen nun auch so einen Kurs machen. Allerdings sind ihre Zielsetzungen sehr unterschiedlich. Wählen Sie für die folgenden Personen jeweils einen passenden Kurs aus. Manche ihrer Freunde können einen Kurs zusammen buchen, doch einer hat leider noch kein passendes Angebot gefunden.**

1. Manuela ist schon länger Mitglied von Greenpeace und diskutiert bei jedem Treffen mit ihren Freunden die Auswirkungen des menschlichen Eingreifens in die Natur. Sie ist der Überzeugung, dass sich der Mensch bereits viel zu weit von seinen Wurzeln entfernt, viel zu viel Selbstverantwortung abgegeben hat und viele seiner eigentlichen Fähigkeiten verkümmern. Außerdem ist sie besorgt über die CO_2-Emission durch die Tierhaltung und hat deshalb beschlossen, sich künftig vegan zu ernähren. Kurs C

2. Edgar ist jede freie Minute unterwegs und hat schon sehr viele Reisen in die verschiedensten Länder unternommen. Deshalb hat er jetzt auch Selbstverteidigung für sich entdeckt, da er sich in jeder Lebenssituation selbst helfen können will und der Meinung ist, dass das Gefährlichste im Leben andere Menschen sind. Er liebt es, sich gedanklich mit extremen Herausforderungen auseinanderzusetzen und sieht am liebsten apokalyptische Filme. Besonders interessiert ist er an Szenarien im Winter und in der Kälte. Auch würde er gern seinen jugendlichen Sohn mitnehmen, der aber erst in zwei Jahren volljährig wird. ____________________

3. Eigentlich findet Gregor Survivaltraining in der Natur nicht so spannend, aber dennoch möchte er gerüstet sein für alles, was die Zukunft so bringen mag. Er ergeht sich häufig in düsteren Szenarien, wenn er sich ausmalt, wie angreifbar und zerbrechlich die menschliche Gesellschaft ist, sollten Herausforderungen außergewöhnlicher Natur auf sie zukommen. Seinen zweiwöchigen Jahresurlaub hat er ab Anfang Mai. ____________________

4. Annabel trägt sich mit dem Gedanken, zukünftig als Selbstversorgerin auf einem Bauernhof fernab der Zivilisation zu leben. Mit der Wirkung von Heilpflanzen kennt sie sich schon gut aus, doch einmal möchte sie sich selbst in einer Situation erleben, in der sie gänzlich auf die natürlichen Ressourcen um sich herum angewiesen ist und ihr Fleisch, das sie essen möchte, noch herumläuft.

   ____

5. Florian liest alle Bücher über die großen Entdecker und Weltumsegler, die er finden kann. Sein großer Held ist Alexander von Humboldt und sein großer Traum ist es, einmal auf dessen Spuren durch Südamerika zu reisen. Dafür trainiert er hart und macht in jedem Urlaub einen anderen Kurs. Dieses Jahr fällt sein Jahresurlaub auf den Mai. ____________________

1 c) **Manuela möchte an Kurs C teilnehmen und gibt einige Informationen über sich selbst und ihre Ziele. Außerdem möchte sie wissen, ob eine Pollenallergie ein Problem darstellt, und ob sie bei gemeinsamer Anmeldung mit ihrem Freund bereits einen Nachlass erhalten könnte, weil sie finanziell nicht so gut gestellt ist. Sie hätte gern einen Termin im Juli und muss noch Urlaub nehmen. Schreiben Sie dem Veranstalter eine E-Mail mit ca. 100 bis 150 Wörtern.**

A2 Am Ast sägen

2 a) Worum geht es in dem Artikel aus der Zeitschrift „Planet Erde"? Kreuzen Sie an, nachdem Sie den Artikel einmal überflogen haben.

Der folgende Artikel handelt ...

☐ 1. ... vom Insektensterben, der Chance einer evolutionären Anpassung bedrohter Lebewesen durch genetische Vielfalt und dem weithin vollzogenen Perspektivenwechsel in der heutigen Gesellschaft.

☐ 2. ... vom Artensterben, dessen Auswirkungen auf das Ökosystem und der Abhängigkeit der Menschen von einer intakten Natur.

☐ 3. ... von der Bedrohung des Ökosystems Meer und der Bedeutung der Weltmeere für das Überleben des Menschen.

Absatz A: 7. Ein Ausdruck für selbst verschuldetes Unglück

Was hat man doch früher noch gelacht und sich darüber mokiert, wie man nur so dumm sein kann, als einem die Bedeutung der Redensart klar wurde: „Er sägt den Ast ab, auf dem er sitzt." Karikaturen dazu gibt es zuhauf.

Doch bei dem Kontext, in den diese Redensart in unseren Tagen passt, bleibt einem das Lachen im Halse stecken.

Absatz B: ____________________

Wenn nach längeren Autofahrten immer seltener die Notwendigkeit bestand, die Windschutzscheibe von kleinen Insekten zu befreien, was noch vor 20 Jahren unumgänglich war, um klare Sicht zu behalten, schlich sich anfänglich nur ein leichtes Unbehagen ins Unterbewusstsein. Doch von neueren wissenschaftlichen Untersuchungen werden einem unerbittlich die Augen geöffnet.

Nach einem Bericht des Weltbiodiversitätsrates, einer Organisation der UN, ist von den geschätzten acht Millionen Tier- und Pflanzenarten, die einschließlich der etwa 5,5 Millionen Insektenarten auf der Erde leben, in den nächsten Jahrzehnten etwa eine Million vom Aussterben bedroht. Übersetzt auf überschaubarere Dimensionen heißt das, jede achte Tier- und Pflanzenart wird es nie mehr auf diesem Planeten geben.

Die Geschwindigkeit, mit der die Dezimierung der Artenvielfalt vonstattengeht, nimmt stetig an Fahrt auf und ist bereits 10- bis 100-mal höher als in den vergangenen 10 Millionen Jahren.

Rechnet man zu dem Näherungswert der bekannten Tier- und Pflanzenarten all die Spezies, die verborgen in den Tiefen tropischer Regenwälder oder den Weiten der Tiefsee vor ihrer Ausrottung noch nicht einmal entdeckt wurden, genügen selbst diese horrenden Zahlen nicht.

Absatz C: ______________________________

____

Nun mag man einwenden, dass es zwar schade darum sei, wenn es so manches hübsch schillernde Insekt oder das eine oder andere gefällige Pflänzchen nicht mehr gebe. Aber wirklich notwendig sei diese überbordende und verschwenderische Vielfalt der Natur ja nicht wirklich, solange sich hinreichend Gemüse, Fleisch und Fisch auf dem Teller befänden. Mehr Bedauern lösen dann schon die großkalibrigen Tiere aus, die das Pech haben, etwas an sich zu tragen, das potenzsteigernde Wirkung verspricht, und die aufgrund dessen erbarmungslos gejagt werden. Aber solange man diese Tiere seinen Kindern noch im Zoo präsentieren kann, hält sich auch da das Mitleid in Grenzen.

Absatz D: ______________________________

____

Doch leider fehlt dieser Einstellung der Blick aufs große Ganze. Artenvielfalt ist nur ein Teil der biologischen Vielfalt, die unser gesamtes Ökosystem, also das Wechselspiel zwischen einem Lebensraum und den davon abhängigen Pflanzen und Tieren, erhält. Der Planet Erde kann nicht, wie die Umweltwissenschaft in den letzten Jahren festgestellt hat, als Summe einzelner Teile betrachtet, sondern muss als System verstanden werden. Dieses komplexe Zusammenspiel hat der Mensch noch nicht vollständig begriffen.

Die Regeln sind dieselben wie in sämtlichen untergeordneten Ökosystemen auch, wo jeder Bestandteil seine Funktion hat, sein Fehlen das Gleichgewicht stört und im Endeffekt den Fortbestand des gesamten Ökosystems gefährdet. Besonders schwerwiegend ist das „Kippen" eines Ökosystems, dessen Voraussetzungen das Überleben ganz bestimmter Arten sichern, die ausschließlich von den unvergleichlichen Gegebenheiten dieses einen Lebensraums abhängig sind.

Absatz E: ______________________________

____

Bis zu einem gewissen Maße können Veränderungen der Umwelt wie Hitze, Trockenheit, Krankheitserreger usw. durch die genetische Vielfalt der dort lebenden Spezies aufgefangen werden. Durch die Fortpflanzung der am besten angepassten Lebewesen wird das Überleben der Art gesichert, vorausgesetzt, dass ihnen genug Zeit dafür bleibt. Genetische Variabilität fungiert also als Versicherung für den Fortbestand einer Population. Gehen aber bedrohliche Veränderungen zu schnell und auf zu vielen Ebenen vor sich, reicht dieser von der Natur vorgesehene Rettungsanker nicht mehr aus.

Als Beispiel kann das extrem belastete Ökosystem Meer gelten. Laut der Ernährungs- und Landwirtschaftsorganisation der UNO wurden etwa 52 % der Fischbestände im Meer so intensiv befischt, dass sie sich kaum erholen können, erst recht nicht bei fortdauernder Überfischung. Erschwerend kommen die industrialisierten Fangmethoden hinzu, insbesondere das Fischen mit Schleppnetzen, die nicht nur in eine Tiefe von bis zu 2000 Metern reichen, sondern auch sämtliches Leben auf dem Meeresgrund vernichten, ganz zu schweigen vom Beifang, der unverwertet wieder als Müll ins Meer zurückgekippt wird. Damit entzieht der Mensch unzähligen Fischen und weiteren Meeresbewohnern die Nahrungsgrundlage. Rechnet man die Verschmutzung durch Industrieabwässer und Ölkatastrophen, die Übersäuerung durch die hohe CO_2-Emission menschlicher Industrie und Lebensweise, die Müllbelastung und den Klimawandel hinzu, grenzt es an ein Wunder, wenn es uns gelingen sollte, das Überleben dieses Ökosystems sicherzustellen. Allein der nordpazifische Müllstrudel, einer der fünf weltweit größten, wird auf einen Umfang von annähernd europäischer Fläche geschätzt. Der Klimawandel hat die Meere bereits in einem Maße erwärmt, dass die Korallenriffe, die zu den ältesten Ökosystemen der Welt gehören und neben den Regenwäldern als die artenreichsten Lebensräume gelten, bereits zu einem großen Teil verloren oder zumindest in ihrer Existenz bedroht sind.

Absatz F: ______________________________

____

Die Liste ließe sich endlos fortsetzen, allerdings führt die Schilderung einer Apokalypse aufgrund der darin aufscheinenden Auswegslosigkeit erfahrungsgemäß eher zu einem Beharren auf Gewohntem als zu aktivem Gegensteuern. Und das wäre allein in Bezug auf das Ökosystem Meer bitter nötig, hält man sich vor Augen, dass es 71 % der Erdoberfläche bedeckt und als größter CO_2-Speicher und Klimaregulator fungiert, was die unmittelbare Abhängigkeit der Spezies Mensch davon unterstreicht, dass dieser Lebensraum intakt bleibt.

Doch was ist zu tun, um das Abbrechen des Astes zu verhindern?

Der Bewusstseinswandel innerhalb der Gesellschaft, der sich in den letzten Jahren zunehmend deutlicher vollzieht, ist ein erster Schritt. Jeder einzelne, der seine Ernährungsweise überdenkt, sei es durch den Verzicht auf Palmöl, vegetarische oder gar vegane Lebensweise, der seinen Konsum einschränkt oder zumindest nachhaltiger gestaltet, der zu unzähligen Alltagsprodukten Alternativen ohne Plastik entdeckt und Fortbewegungsmittel ohne CO_2-Emission oder sogar auch ohne Stromverbrauch benutzt, trägt dazu bei, den Hebel langsam umzulegen. Erstrangig ist allerdings der Kampf gegen Lobbyismus und Korruption in der Politik, besonders gegen kurzfristige und -sichtige, in Wahlperioden getaktete politische Entscheidungen. Doch auch der Kampf gegen den Einfluss der organisierten Kriminalität, deren weltweit zweitgrößtes Geschäftsfeld mit geschätzten 30 bis 100 Milliarden Euro Jahresumsatz die illegale

Abholzung von Naturwäldern ist, ist wesentlich. Generell muss sich das Bewusstsein verbreiten, dass es jenseits nationaler Interessen unser gemeinsamer Planet ist, den es zu retten gilt.

Absatz G: ______________________________

____

Dem Aufschrei überzeugter Anhänger unserer Wohlstands- und Wachstumsgesellschaft, dass Verzicht und Verbote die Freiheitsrechte der Menschen beschneiden, kann mit den Worten des Sozialpsychologen Harald Welzer entgegengehalten werden, dass die Menschen, die in stark vom Autoverkehr belasteten Großstädten leben, de facto bereits in großem Stil verzichten – auf Ruhe, Sicherheit, gute Luft, Platz und freie Fortbewegung. Seiner Meinung nach müsse über Verbote viel offener geredet werden, da unsere Gesellschaft ohne stabiles Ordnungsrecht nicht funktionieren könne. Jedoch sei die Voraussetzung ein Perspektivwechsel, der die Betonung auf den Zugewinn an Freiheit und Lebensqualität lege.

Absatz H: ______________________________

____

Vergegenwärtigt man sich die mannigfaltigen Leistungen, die intakte Ökosysteme für die Menschheit erbringen, steht an erster Stelle die direkte Versorgung mit Trinkwasser, Nahrung, Materialien und Rohstoffen für Produkte verschiedenster Art und medizinischen Wirkstoffen. Daneben schützen sie aber auch vor Hochwasser und Lawinen, verhindern Bodenerosion, speichern CO_2 und regulieren das Klima. Essenziell ist auch die Bestäubung von Kultur- und Wildpflanzen. Ebenso ist die kulturelle Leistung der Natur erheblich, da vielfältige Landschaften zur Identifizierung des Menschen beitragen und in ihrem Erholungswert nicht zu unterschätzen sind. Nicht zu vergessen, dass menschliches Leben erst durch Sauerstoffbildung, Bodenfruchtbarkeit, den Wasserkreislauf und Nährstoffkreisläufe möglich ist. Jenseits allen Nutzens, den der Mensch unumstritten aus der Lebensvielfalt auf Erden zieht, ist sie allerdings auch das Ergebnis einer Evolution, die sich in Milliarden Jahren Erdgeschichte vollzogen hat, und somit per se schützenswert.

2 b) Ordnen Sie die folgenden Überschriften den einzelnen Abschnitten zu und tragen Sie sie in die dafür vorgesehenen Linien ein. Vorsicht: Nicht alle Überschriften passen!

1. Unleugbare Abhängigkeit des Menschen vom Ökosystem Erde
2. Ausmaß des fortschreitenden Artensterbens
3. Genetische Vielfalt als Rettung für den Lebensraum Meer

4. Verzichten, um zu gewinnen
5. Ignorante Reaktionen angesichts des Artensterbens
6. Tiefgreifende Erkenntnisse der Wissenschaft bezüglich komplexer Zusammenhänge in Ökosystemen
7. Ein Ausdruck für selbst verschuldetes Unglück
8. Notwendige Maßnahmen auf persönlicher, gesellschaftlicher und politischer Ebene
9. Anpassung mittels genetischer Variabilität hält vielschichtigen Störfaktoren nicht stand
10. Unumgängliche Erfordernisse zum Erhalt der Wohlstands- und Wachstumsgesellschaft
11. Biodiversität als Garant für die Aufrechterhaltung von Lebensräumen

2 c) Ordnen Sie die folgenden Wörter und Ausdrücke einer passenden Bedeutung zu.

Textabschnitte A und B:

1. sich mokieren
2. zuhauf
3. das Lachen bleibt einem im Halse stecken
4. schleichen
5. das Unbehagen
6. unerbittlich
7. vonstattengehen
8. an Fahrt aufnehmen
9. die Ausrottung
10. horrend

a) man erkennt plötzlich den Ernst der Lage
b) kein gutes Gefühl
c) die völlige Vernichtung
d) in großen Mengen
e) immer schneller werden
f) erschreckend
g) ganz leise und unbemerkt gehen
h) hart, nicht kompromissbereit
i) sich ereignen
j) sich lustig machen über etwas

1.	2.	3.	4.	5.	6.	7.	8.	9.	10.
j									

Textabschnitte C, D und E:

1. schillern
2. gefällig
3. überbordend
4. hinreichend
5. erbarmungslos
6. kippen
7. die Gegebenheit
8. fungieren
9. das Schleppnetz
10. der Strudel

a) wirken, eine Funktion haben
b) in wechselnden Farben glänzen
c) riesiges Netz, das von einem oder mehreren Schiffen durchs Wasser gezogen wird
d) eine starke Wasserströmung
e) genug
f) umfallen, aus dem Gleichgewicht geraten
g) ohne Mitleid
h) es übersteigt ein normales Maß
i) der Zustand, die Situation, die Tatsache
j) erfreulich, angenehm

1.	2.	3.	4.	5.	6.	7.	8.	9.	10.

Textabschnitte F, G und H:

1. beharren
2. nachhaltig
3. den Hebel umlegen
4. takten
5. de facto
6. sich vergegenwärtigen
7. mannigfaltige
8. per se

a) den Tatsachen entsprechend
b) an sich, von selbst
c) sich deutlich vorstellen
d) viele verschiedene
e) an etwas festhalten
f) die Richtung ändern
g) von längerer Dauer, unter Einbeziehung der Folgen
h) in einen bestimmten Rhythmus bringen

1.	2.	3.	4.	5.	6.	7.	8.

2 d) Lesen Sie den Text noch einmal. Kreuzen Sie dann die richtigen Aussagen an.

1. Die Vorstellung, dass ein Akteur mangels Einblick in grundlegende Prinzipien von Ursache und Wirkung sich selbst Schaden zufügt, ist im Kontext der globalen ökologischen Katastrophen nicht erheiternd. ☒
2. Inzwischen gerät die verschärfte Dimension des Insektensterbens auch im menschlichen Alltag in den Fokus der Diskussion. ☐
3. Genau lässt sich die Anzahl der vom Aussterben bedrohten Tier- und Pflanzenarten nicht feststellen, da der Wissenschaft nicht alle auf der Erde lebenden Spezies bekannt sind. ☐
4. Ein verbreiteter Irrglaube ist, dass eine verschwindende Spezies vorwiegend emotionalen Wert besitzt. ☐
5. Der Lebensraum Erde setzt sich aus einzelnen autarken Ökosystemen zusammen. ☐
6. Jeder Organismus, der mit anderen Organismen in Wechselwirkung steht, bildet einen Bestandteil des betreffenden Ökosystems, weshalb der Ausfall jedes noch so kleinen Details die gesamte Ordnung aus dem Gleichgewicht bringen kann. ☐
7. Die verschiedenen Varianten der Erbsubstanz ermöglichen es durch verstärkte Fortpflanzung der am besten angepassten Organismen auf sämtliche Störfaktoren der Umwelt zu reagieren und somit den Fortbestand zu wahren. ☐
8. Der Abfallteppich, der auf einer Strömung des Nordpazifik treibt, ist ungefähr so groß wie der europäische Kontinent, und doch nur ein Faktor unter anderen, die die Weltmeere nachhaltig schädigen. ☐
9. Aufgrund eines Gefühls von Ohnmacht sind viele Menschen nicht bereit, etwas an ihrer gewohnten Lebensweise zu verändern, selbst wenn die Notwendigkeit augenfällig ist. ☐
10. Die Versuche einzelner, durch eine Veränderung ihrer Lebensweise Gutes zu bewirken, sind lobenswert, aber sinnlos, da der Bewusstseinswandel in der Politik vollzogen werden muss. ☐
11. Nach Welzer ist die Freiheit des Menschen bereits massiv eingeschränkt, wenn seine existenziellen Grundbedürfnisse nicht mehr gesichert sind. ☐
12. Während der Nutzen, den die Menschen aus der Natur ziehen, wesentlich ist, sind regulierende sowie kulturelle Leistungen durch das Ökosystem Erde zweitrangig, da es im Laufe der in Jahrmilliarden vollzogenen Evolution immer wieder zu Veränderungen gekommen ist. ☐

A

2 e) Lesen Sie den Kommentar und ergänzen Sie die Adjektive aus dem Schüttelkasten. Achten Sie dabei auf die korrekte Endung.

drängend • existenzbedrohend • größer • menschlich • ausgerüstet • fatal • erhellend • konkret • selbst verschuldet • ~~erschütternd~~ • erscheinend • tiefer • unzählig • fähig

Bezugnehmend auf Ihren *erschütternden* (1) Artikel über das Artensterben und seine Auswirkungen auf das Ökosystem in der letzten Januarausgabe möchte ich einen Gedanken hinzufügen, den ich für ein ______________ (2) Verständnis der Vorgänge für wesentlich halte.

Es stellt sich doch die ______________ (3) Frage, wie ein solch intelligentes und ______________ (4) Lebewesen wie der Mensch überhaupt in diese ______________ (5) Lage geraten konnte, sich augenscheinlich sein eigenes Grab zu schaufeln. Dazu habe ich bei der Lektüre des Buches von Yuval Noah Harari „Eine kurze Geschichte der Menschheit" einen höchst ______________ (6) Gedanken entdeckt, den ich an dieser Stelle kurz wiedergeben möchte.

Denkt man in den uns endlos ______________ (7) Kategorien der Erdgeschichte, ist der Aufstieg des Menschen an die Spitze der Nahrungskette erst „vor Kurzem", nämlich vor 100 000 Jahren geschehen. Davor ernährte er sich von kleineren Tieren, Pflanzen und dem, was ______________ (8) Raubtiere übrigließen, von denen er durchaus auch selbst verspeist wurde.

Diese großen Raubtiere hatten sich über Jahrmillionen in ihre Position eingepasst, während sich der Mensch mittels seiner Werkzeuge und Waffen überraschend schnell in dieser Lage, als größter Räuber zu agieren, befand, und damit nicht verantwortlich umzugehen wusste. Laut Harari ist dies der Schlüssel für die Aneinanderreihung von ______________ (9) Katastrophen, die die Geschichte der Menschheit begleiten, angefangen von der Ausrottung ______________ (10) Arten über Massenvernichtung in Kriegen bis zur Zerstörung von Ökosystemen. Harari vergleicht die Menschheit mit einer mit Panzern und Atombomben ______________ (11) Schafherde und kommt zu dem Schluss, dass „bewaffnete Schafe ungleich gefährlicher als bewaffnete Wölfe" sind. (Harari, Y. N.: Eine kurze Geschichte der Menschheit, DVA 2018, S. 21)

Bei der ______________ (12) Bewältigung der ______________ (13) Probleme, vor der die Menschheit heutzutage steht, hilft dieser Erklärungsansatz zwar nicht, allerdings kann er als Warnung vor ______________ (14) Hybris und Mahnung zu mehr Achtsamkeit gelten, da inzwischen einem jeden klar sein sollte, welchen Bärendienst* sich die Menschheit mit ihrer bisherigen Lebensweise erweist.

* jmd. einen Bärendienst erweisen: etwas Positives wollen, aber das Gegenteil damit erreichen.

2 f) **Schreiben Sie eine kurze Zusammenfassung (ca. 200 – 250 Wörter) des Artikels aus a). Orientieren Sie sich dabei an den Überschriften der einzelnen Absätze und vergleichen Sie dann mit der beispielhaften Zusammenfassung im Lösungsteil.**

A3 Der versklavte Bien

3 a) Lesen Sie die Reportage aus dem Magazin „Wissen schafft!" und ergänzen Sie die fehlenden Textstellen mit den Passagen auf den Seiten 26 bis 27 wie im Beispiel.

Eine der ersten Ermahnungen vergangener Kindertage ist, tunlichst nicht barfuß über eine Wiese zu laufen. Zu leicht tritt man auf eine Biene, und neben dem Schmerz und dem tagelang geschwollenen Fuß steht das schlechte Gewissen, selbst den Stich provoziert und damit den Tod des kleinen fleißigen Insekts herbeigeführt zu haben, das ja sein Leben allein der Aufgabe geweiht hat, uns Menschen den Honig zu bringen.

[1]

Doch was ist mit dem Bien gemeint? Hat man sich darunter eine männliche Biene vorzustellen?

Mitnichten. Der Bien ist der alte imkerliche Begriff für ein gesamtes Bienenvolk in seinem unfassbar ausgeklügelten und im Laufe einer 45 Millionen Jahre währenden Evolution perfektionierten Zusammenwirken. Jede einzelne Biene einer Kolonie wirkt wie eine Zelle in diesem Superorganismus, erfüllt eine klar definierte Rolle und trägt zum Überleben des zwischen 30- und 50 000 „Bürger" zählenden Volkes und seiner Nachkommen bei. Unterstützt wird das Funktionieren des Staates durch eine Kommunikation, die mittels Tanzbewegungen, Vibration und Duftübermittlung genaueste Informationen über die Art und Lage von Futterquellen bis zu einer Entfernung von 10 Kilometern zu übertragen vermag. Die Königin wiederum steuert das gesamte Geschehen im Bien durch Pheromone.

[ ]

Und an dieser Stelle löst sich das Rätsel der überwiegend weiblichen Beschreibungsform des Bienenlebens, die nicht auf Überlegungen zur Gendergerechtigkeit fußt, sondern einen rein matriarchalischen Staat beschreibt. Die einzige Lebensaufgabe der Drohnen ist nämlich, die Königin auf ihrem Hochzeitsflug zu befruchten, was sie bei Gelingen mit ihrem Leben, bei Misslingen mit sozialer Isolation und Vertreibung aus dem Staat bezahlen.

Auf diesem Hochzeitsflug nimmt die Königin bis zu 10 Millionen Spermien in ihrer Samenblase auf, genug für ihr ganzes Leben. Bevor eine Königin mit Tausenden von Bienen im Frühsommer ihr altes Volk verlässt und sich eine neue Behausung sucht, legt sie einige Eier in ganz besondere Brutzellen, die Weiselzellen, in denen neue Königinnen herangezogen werden. Arbeiterinnen füttern sie mit dem besonders nahrhaften Gelée royale, doch von den geschlüpften Königinnen wird eine ihre Rivalinnen töten, mit dem einzigen Stich ihres Giftstachels in ihrem gesamten Leben. Schließlich kann es in jedem Bienenstaat nur eine Königin geben, die sämtliche Geschehnisse im Bien regelt und kontrolliert.

Die große Menge an Arbeiterinnen trägt ihren Namen nicht umsonst. Die Jungbienen versehen alle „häuslichen“ Arbeiten, vom Bau der Waben aus Wachs, dem Putzen der Zellen, der Fütterung der Maden mit dem von den Sammelbienen gebrachten Nektar und Blütenstaub über die Regulierung von Temperatur und Luftfeuchtigkeit im Bienenstock bis zum Wächterdienst am Eingang. Erst in ihrer zweiten Lebenshälfte kommen sie in den Außendienst und werden zu Sammelbienen, die ihrem Volk Nahrung und Wasser bringen.

☐

All diesen Bedrohungen halten sie stand, und doch hat mit der zunehmenden Intensivierung der Landwirtschaft das große Bienensterben eingesetzt, das zu der Annahme führte, ein Bien könne nur noch domestiziert unter der sachkundigen Pflege von Imkern bestehen. In einer Zeit, wo Monokulturen das Landschaftsbild beherrschen, werden die Bienen aufgrund allzu einseitiger Ernährung krankheitsanfällig oder verhungern gar. Der Einsatz von Pestiziden und Herbiziden beeinträchtigt die Biene durch Schädigung ihres Nervensystems in ihrem Orientierungssinn und sie findet nicht mehr nach Hause. Luftverschmutzung, elektromagnetische Strahlungen und der Klimawandel mit veränderten Blühphasen sind in ihren Auswirkungen noch gar nicht eingehend erforscht.

☐

Die herkömmliche Methode der Imker, diesen Schädling zu bekämpfen, ist regelmäßiges Einnebeln der Bienen mit Ameisensäure, eine Prozedur, die eine große Belastung für den Bien darstellt und der viele Jungbienen selbst zum Opfer fallen. Alternativ wird mit Puderzucker experimentiert, da beobachtet werden konnte, dass eingestäubte Bienen sich selbst und auch gegenseitig vermehrt putzen. Dabei fallen die Milben ab und werden von den Bienen totgebissen.

☐

Doch nicht nur der ertragsorientierte Nutzen, der den Honiggewinn mitunter auf das Zehnfache steigert, belastet die Bienen, sondern auch die Haltungsbedingungen an sich. Schiffer weist nach, dass die klimatischen Bedingungen in den herkömmlichen sogenannten „Beuten“, den modernen Bienenstöcken aus Holz oder Styropor, höchst ungenügend sind und Schimmelbefall begünstigen. Lediglich der Imker profitiert von der einfachen Handhabung dieser Beuten. Der Bienenforscher erzählt aus seinem Werdegang: „Während meines Biologiestudiums begann ich mit der Imkerei. Ich lernte diese zunächst ganz konventionell. ... Je mehr ich lernte, desto unzufriedener wurde ich mit den anerkannten (Be-)Handlungsweisen in der Imkerei. ... Völkerverluste wurden stets als unnatürlich betrachtet – die Schuld bekam immer die Varroa-Milbe, das Wetter oder die Pestizide. Niemals hörte ich ein selbstkritisches Wort, niemals sah ich einen Imker, der zunächst erst einmal überlegte, ob er selbst alles richtig machte."

☐

Kommt noch vor dem Winter die Behandlung mit Ameisensäure zur Varroa-Bekämpfung hinzu, sollte es in Anbetracht all dieser Stressfaktoren nicht verwundern, wenn der erste Blick in den Bienenstock nach dem Winter dem Imker zumeist eine Katastrophe offenbart. 30 % Verlust sind die Regel, doch mitunter überlebt auch das gesamte Volk nicht. So sinkt der Anteil an Bienenvölkern von Jahr zu Jahr.

Dies ist eine alarmierende Tatsache, hält man sich vor Augen, dass aufgrund der Bestäubungsleistung die Wertschöpfung der Biene weltweit bei circa 265 Milliarden Euro liegt. Auf Deutschland bezogen ist ihr volkswirtschaftlicher Nutzen bei 2,7 Milliarden Euro. Nicht nur der Ertrag, sondern auch die Qualität der Nutzpflanzen steht auf dem Spiel, ganz zu schweigen von der Existenz von Kulturpflanzen wie Kakao, Vanille und Maracuja, die zu 100 % auf die Bestäubung durch Bienen angewiesen sind.

Kann die Forschung von Wissenschaftlern wie Torben Schiffer Hoffnung machen? Durch eine Rückbesinnung auf Lebensbedingungen, die die Biene zu einer der erfolgreichsten Tiergattungen seit Jahrmillionen gemacht hat, eröffnen sich Möglichkeiten, sie in ihren Selbsterhaltungsmechanismen zu unterstützen.

☐

Folglich muss den Bienen ein Lebensraum angeboten werden, der so viele der belastenden Faktoren wie möglich ausschaltet, von einer Klotzbeute, einem ausgehöhlten Baumstamm, der den natürlichen Lebensraum wild lebender Bienen nachbildet, über die von Andreas Heidinger entwickelte Bienenkugel bis zu allen anderen Bienenbeuten, die so ausgelegt sind, dass Bienen und Pseudoskorpione ein optimales Habitat vorfinden. Die Orientierung an den überholten Kriterien der Imkerei, nämlich Honigertrag, Sanftmut, Wabensitz und Schwarmverhalten, sollten als zweitrangig gelten.

Die alles entscheidende Frage, die sich der Imker stellen muss, ist Torben Schiffer zufolge: „Honig oder gesunde kleine Völker? Was ist wichtiger für die Natur und wer gibt uns das Recht, darüber zu entscheiden?"

1. Goldgelb auf ein knuspriges Brötchen geträufelt ist er der Inbegriff des Frühstücks im deutschsprachigen Raum. In heißer Milch verrührt vermag er erste Anzeichen einer Erkältung zu bekämpfen. Die antibiotische und antivirale Wirkkraft des Propolis kommt in alternativer Heilpraktik vielfach zur Anwendung und wurde bereits im Alten Ägypten bei der Mumifizierung eingesetzt. Und die Kosmetik- und Wellnessindustrie verspricht, dass das Gelée royale, das Königinnenfutter, als Anti-Aging-Produkt eingesetzt, die ewige Jugend erhält.

2. Hier setzt Schiffer an und hinterfragt vieles, was in der modernen Imkerei als gegeben hingenommen wird: Die bereits beschriebenen Haltungsbedingungen, die Winterfütterung mit Zuckerwasser nach der Entnahme der größtmöglichen Menge von Honig und der Transport in Felder von Monokulturen. Dabei wird Mangelernährung und Berührung mit Pestiziden in Kauf genommen. Auch der Eingriff in den natürlichen Lebensrhythmus des Biens durch Verhinderung des Ausschwärmens der alten Königin mit einem Teil der Bienen, durch gezielte Züchtung der Königinnen oder sogar durch Unterbindung der natürlichen Fortpflanzung zählt dazu.

3. Laut Schiffer sind es gerade die kleinen Völker, die nicht schnell wachsen und deshalb nicht ins Anforderungsprofil passen, das die moderne Imkerei stellt, die einen auffallend kleinen Milbenbefall aufweisen. Hier lässt sich ausgeprägtes Groomingverhalten beobachten. Entdeckt man gar die Seltenheit eines wild lebenden Biens, kann man dort auch Pseudoskorpione finden, winzig kleine Spinnentierchen, die seit jeher in Symbiose mit den Bienen leben und sie frei von Parasiten halten. Auch der Varroa-Milbe werden sie in einem Maße Herr, dass dieser Schädling das Bienenvolk nicht mehr schwächen kann.

4. Und doch ist der Hauptfeind der Biene noch ein anderer: die in den 70er Jahren aus Asien mit dem Import von Bienenvölkern eingeschleppte Varroa-Milbe, die als Parasit von dem Blut der Bienen und den Larven lebt und sie immens schwächt, verkrüppelt, flugunfähig und unfruchtbar werden lässt.

5. Sie herrscht in jedem Volk jeweils nur für ein Jahr. Ihre Hauptaufgabe ist es, in ihrem höchstens fünf Jahre dauernden Leben täglich bis zu 2000 befruchtete und unbefruchtete Eier in die Brutzellen des Bienenstocks zu legen. Aus den befruchteten Eizellen entwickeln sich Arbeiterinnen und die nächsten Königinnen, aus den unbefruchteten die Drohnen, die männlichen Bienen.

6. Dieses als Grooming bezeichnete Verhalten der gegenseitigen Körperpflege führte den Bienenforscher Torben Schiffer zu Erkenntnissen, die unsere gesamte intensive Imkerei, deren Ziel größtmögliche Honigerträge sind, in Frage stellt. Er entdeckte, dass Bienenvölker, denen nicht regelmäßig ihre Honigvorräte weggenommen werden, deutlich mehr Zeit auf ihre Körperhygiene verwenden, vermutlich, da sie sich nicht um ihren Wintervorrat sorgen müssen.

7. Allerdings liegt hier an dieser Schnittstelle zur Außenwelt auch die Bedrohung des ansonsten so widerstandsfähigen Biens. Ist es zu kalt, schlüpfen die Heizerbienen in freie Zellen zwischen der Brut und erhöhen die Temperatur durch Muskelzittern. Ist es zu heiß, fächeln die Bienen am Eingang mit ihren Flügeln einen kühlenden Luftzug in den Stock. Eindringlinge werden getötet und mit einem Film aus desinfizierendem Propolis überzogen, der auch das Innere der Brutzellen keimfrei hält. Nähert sich ein Feind, warnen die Bienen und attackieren, setzen bisweilen sogar durch den Stich mit ihrem Giftstachel ihr Leben ein, was durch den Geruch des dabei abgerissenen Hinterleibs weitere Artgenossinnen zur Hilfe ruft. Dieser Geruch ähnelt dem von Bananen, weshalb es wenig ratsam ist, in der Nähe von Bienen eine Banane zu verspeisen ...

3 b) Ergänzen Sie den richtigen Fachbegriff aus dem Schüttelkasten hier und auf Seite 29. Setzen Sie dabei die Nomen mit dem Artikel ein.

Imker • Evolution • Vibration • Pheromon • Befruchtung • Brutzelle • ~~Bienenstock~~ • Spermien • Samenblase • Wabe • Made • Nektar • Propolis • keimfrei • domestizieren • Parasit • Larve • Milbe • Schimmel • Bestäubungsleistung • Wertschöpfung • Symbiose • Habitat

1. Zuhause der Bienen; ursprünglich eine Baumhöhle, heute ein Behälter aus verschiedenen Materialien: der Bienenstock
2. ohne Krankheitserreger: ___
3. Fachmann für Bienenhaltung: ___
4. einst wilde Tiere oder Pflanzen so verändern, dass sie mit dem Menschen leben und von ihm genutzt werden können: ___
5. Vorgang, bei dem durch die Vereinigung einer männlichen und einer weiblichen Zelle Fortpflanzung ermöglicht wird: ___
6. eine in feuchter Umgebung wachsende winzige und schädlich wirkende Pilzkolonie: ___
7. charakteristischer Lebensraum einer bestimmten Tier- oder Pflanzenart: ___
8. wurmähnliches Tier; Entwicklungsstadium von Insekten mit zwei Flügeln, noch ohne Beine und Flügel: ___
9. eine winzig kleine Unterart der Spinnentiere: ___
10. langsame Veränderung über Generationen der vererbbaren Merkmale von Lebewesen bzw. organischen Strukturen: ___
11. von Bienen hergestellter klebriger Stoff, der Viren und Bakterien unschädlich macht: ___
12. ein Lebewesen, das von einem meist viel größeren Organismus lebt: ___
13. eine produktive Tätigkeit, durch die letztendlich ein Einkommen erzielt wird: ___
14. ein von einem Lebewesen erzeugter Duftstoff, der innerhalb derselben Art Informationen übermittelt: ___
15. männliche Keimzellen, zu selbstständiger Bewegung in Richtung der weiblichen Keimzelle fähig: ___

16. Zusammenleben von Lebewesen verschiedener Art zum gegenseitigen Vorteil:

____

17. regelmäßige mechanische Schwingung von Stoffen oder Körpern:

____

18. zuckerhaltige, meist süß duftende Flüssigkeit, die von den Blüten der Pflanzen erzeugt wird: _______________

19. sechseckiger kleiner Hohlraum; Zelle eines aus Wachs geformten Teils eines Bienennests: _______________

20. landwirtschaftlicher Begriff zur Bestimmung des Anteils der verschiedenen Umweltfaktoren wie Insekten und Wind an der Fortpflanzung von Samenpflanzen:

____

21. Zwischenform in der Entwicklung vom Ei zum erwachsenen Tier bei Insekten und Amphibien: _______________

22. kleine, von Insekten angelegte Kammern mit Nahrungsvorrat für das Heranwachsen der Larven, bevor diese sich in Insekten verwandeln: _______________

23. Behältnis zur Aufbewahrung der Spermien: _______________

3 c) Beantworten Sie die Fragen hier und auf Seite 30 in Stichworten. Beziehen Sie sich dabei auf den gesamten Artikel.

1. Was ist unter einem Bien zu verstehen?

gesamtes Bienenvolk mit 30 – 50 000 Bürgern / jede Biene klar definierte Rolle / perfektes Zusammenwirken mittels Kommunikation / gesteuert von Königin

2. Was sind die einzelnen Lebensstationen einer Bienenkönigin?

____

____

____

3. Weshalb kann man ein Bienenvolk als Matriarchat bezeichnen?

____

____

____

4. Was zählt alles zu den Bedrohungen eines Bienenvolks?

5. Weshalb fordert Torben Schiffer von den Imkern eine Rückkehr zur Bienenhaltung unter möglichst natürlichen Lebensbedingungen?

6. Was spricht dafür, dem größtmöglichen Honigertrag keine erstrangige Bedeutung mehr zuzurechnen?

3 d) Formulieren Sie zu den folgenden beiden Thesen jeweils ein Argument, das dafür-, und ein Argument, das dagegenspricht. Ihre Argumentation kann sich auf den Text beziehen, aber auch darüber hinausgehen. Belegen Sie Ihre Argumente mit jeweils einem Beispiel.

1. Heutzutage sind Bienen aufgrund der vorherrschenden Umweltbedingungen nur als domestizierte Nutztiere überlebensfähig.

Pro: Das halte ich für richtig, da ... *Bienen mit vielfältigen Bedrohungen konfrontiert sind.*

Beispiel:

Contra: Dieser Meinung kann ich nur bedingt zustimmen, denn

Beispiel:

2. Um die Nahrungsgrundlage der Menschheit zu sichern, ist es von existenzieller Bedeutung, die Bienen zu schützen.

Pro: ____________________

Beispiel: ____________________

Contra: ____________________

Beispiel: ____________________

B Gesellschaft und Soziales

B1 Die Lust an der Katastrophe?

1 a) Lesen Sie den Kommentar aus einer Tageszeitung. Sehen Sie dabei auf die Uhr und versuchen Sie, den Text in 8 bis 10 Minuten zu lesen. Dann kreuzen Sie den zusammenfassenden Satz auf Seite 36 an, der Ihrer Ansicht nach den Inhalt am ehesten trifft.

Mitunter drängt sich mir unter dem alltäglichen Bombardement beängstigender, bedrückender, verstörender, verunsichernder, kurz: schlechter Nachrichten der Gedanke auf, welche Folgen es wohl hätte, müssten diese Botschaften im persönlichen Gespräch übermittelt werden, im familiären Umfeld oder im Freundeskreis. Sind doch aus Antike und Mittelalter einige Legenden und Mythen bekannt, wo Überbringer die Meldung einer Niederlage, eines Todesfalls oder einer Bedrohung sogar mit dem Leben bezahlten. Auch in der weiten Welt der psychologischen Ratgeber von heute findet sich einiges zum Thema Übermittlung schlechter Nachrichten. Zwar gilt es nun nicht mehr, als Bote sein nacktes Leben zu schützen, doch empfehlen Seelenforscher, Hiobsbotschaften sowohl für Sender als auch für Empfänger verträglich und behutsam zu verkünden. Wie gehe ich einfühlsam vor, wenn ich meinem Gegenüber eine bittere Wahrheit zumuten muss? Welche Details sind dabei notwendig und zielführend, welche kann ich rücksichtsvoll umgehen und dennoch ehrlich sein?

Diese Einsicht scheint außer Kraft gesetzt, sobald auf Empfängerseite Anonymität herrscht. Die Masse der Zeitungsleser, der Fernsehzuschauer, der leichtfertigen Konsumenten von Internetnachrichten jedweder Couleur bis hin zu allen munter in die Welt hinausgezwitscherten Halb-, Viertel- oder Achtelwahrheiten, sie alle sind diesem Bombardement ausgesetzt. Es scheint gar ein Wettbewerb entbrannt zu sein, wer die grausigsten Tatsachen ans Licht bringt und wer vor den apokalyptischsten Szenarien warnend seine Stimme erhebt. (Sie lesen richtig: Die Nachrichten lehren uns, dass selbst bei der Apokalypse ein Superlativ möglich ist.) Eines ist gewiss: Ihm wird die Aufmerksamkeit aller sicher sein. Was früher schon die Boulevardpresse als Verkaufsschlager entdeckt hatte, setzt sich jetzt im Internet fort. Der Klick ist das Ziel, koste es, was es wolle.

Doch was macht dieser Informationsbeschuss mit den Seelen der Menschen? So wenig, wie Berichterstattung immer ein objektives Bild der Lage zu vermitteln vermag, so wenig ist auch die Reaktion der Empfänger darauf in den meisten Fällen vernunftgeleitet und angemessen.

Der Fokus des Berichterstattenden modelliert die Nachricht, und dieser Fokus wiederum ist nicht selten durch sein persönliches Wertesystem und seine individuelle Zielsetzung bestimmt. Stellen wir uns vor, wir würden die Urlaubsfotos einer Influencerin und einer

NGO-Mitarbeiterin betrachten, die ihren letzten Urlaub zeitlich und regional identisch auf Haiti verbracht haben. Welche Fotos zeigen das wahre Haiti? Die der Influencerin, die es liebt, sich exklusiv und hedonistisch in Szene zu setzen, oder die der sozial engagierten NGO-Mitarbeiterin? Vermutlich alle und keines.

Und die Reaktion des Betrachters, abgesehen von höflicher Begeisterung oder Betroffenheit: Werden nicht hauptsächlich diese Fotos in Erinnerung bleiben, die zu seiner Überzeugung und Weltsicht passen, gepaart mit der Überzeugung, nun authentische Belege für seine Einschätzung erhalten zu haben?

Vorausgesetzt diese Mechanismen sind einem bewusst: Es bleibt immer noch eine Fülle an Bildern und Berichten, deren emotionaler Wirkung sich keiner entziehen kann. Kinder mit aufgeblähten Hungerbäuchen, weinende Mütter mit kranken Säuglingen im Arm, brennende Regenwälder, Skelette verdursteter Tiere auf mosaikartig aufgerissenen Böden, entfesselte Wassermassen, aus denen die Dächer von Häusern ragen – die Flut der zutiefst berührenden Bilder nimmt kein Ende.

Abgesehen von der Skala momentbezogener Reaktionen, die von Betroffenheit und Trauer über sofortige Suche nach einem Spendenkonto bis zu teilnahmslosem, abgestumpftem Zur-Kenntnis-Nehmen reicht, gibt es die länger währenden psychischen Auswirkungen. So wurde im Zusammenhang mit dem ständigen Konsum von Katastrophenmeldungen ein erhöhter Stresspegel als Folge des Gefühls von Angst, Bedrohung und Hoffnungslosigkeit nachgewiesen. Doch wo ist das Ventil, wo ist die Handlungsanweisung, wie damit umzugehen ist?

Wie in mehrfacher Hinsicht von Evolutionsbiologen erforscht, stehen dem menschlichen Gehirn leider weder das seinen Wirkmöglichkeiten adäquate Verständnis sämtlicher denkbarer Konsequenzen noch adäquate Bewältigungsmechanismen von Stress und Angst zur Verfügung. Während die Wissenschaft diskutiert, unser Zeitalter als Anthropozän zu bezeichnen, aufgrund der immensen Prägung, die unser Planet durch den Menschen erfährt, ist unser Gehirn in Sachen Stress- und Angstbewältigung gerade mal im Pleistozän angelangt, dem Abschnitt der Erdgeschichte, der vor 2,5 Millionen Jahren begann und vor 11 700 Jahren endete. Wenn der Säbelzahntiger vor ihnen stand, wussten die Menschen, dass sie das Weite suchen sollten. Aber Katastrophen, die in Tausenden von Kilometern Entfernung stattfinden oder die ihren als wahrscheinlich angenommenen Niederschlag erst in einigen Jahrzehnten finden werden, lassen den Konsumenten der Nachricht mit einem Gefühl von Ohnmacht, Hilflosigkeit und Verzweiflung zurück.

Auch bei der dem menschlichen Gehirn innewohnenden Vorliebe für Negatives und Widrigkeiten ist der Evolution wohl der Schwarze Peter zuzuschieben. Derjenige, der seine Aufmerksamkeit potenziellen Gefahren widmet, kann sich besser anpassen, überleben und damit fortpflanzen. Wenn eine Fliege im Glas schwimmt, will keiner mehr den Saft trinken, auch wenn die Fliege im Verhältnis zur Menge an Saft winzig klein ist.

Übersetzt auf die Gepflogenheiten der Nachrichtenübermittlung lässt sich durch dieses Wahrnehmungsmuster die vorherrschende düstere Stimmung erklären. Alltag und Normalität seien nicht medienfähig, sagt Hans Mathias Kepplinger, Professor für Empirische Kommunikationsforschung. Doch besorgniserregend sei, dass sich die Tendenz zum Alarmismus weiter verschärfe und zunehmend von der Realität abkoppele. Das lässt sich besonders bei der Wahrnehmung von Kriminalität beobachten, wo subjektives Bedrohungsgefühl und reale Gefahr besonders weit auseinanderliegen.

Allerdings wird sich das Pleistozän-Hirn von uns Medienkonsumenten in absehbarer Zeit wohl nicht ändern. Deshalb muss die Art der Nachrichtenübermittlung überdacht werden, um die Aufgaben, die die Welt der Menschheit stellt, vernünftig, besonnen und mit dem Energie und Kraft generierenden nötigen Optimismus zu bewältigen.

Maren Urner, Professorin für Medienpsychologie, fordert konstruktiven Journalismus, der Lösungsansätzen und Zielen genug Raum bietet, da gestresste, ängstliche und hoffnungslose Menschen nicht handlungsfähig seien. Das solle keine Schönfärberei bedeuten, sondern die Diskurse sollten sich nur nicht in Sündenbocksuche und Zynismus ergehen.

Gerade im Hinblick auf die Herausforderungen, die der Klimawandel mit sich bringt, ist diese Umkehr notwendig. Katastrophen- und Weltuntergangsstimmung heraufzubeschwören, ruft bislang hauptsächlich drei Reaktionstypen hervor: Die Verleugner kaufen sich entweder den nächsten SUV oder wittern hinter jeder Meldung eine neue Verschwörungstheorie. Die Desinteressierten haben entweder ein ungebrochenes Vertrauen in die Macht der Technik oder ergehen sich in Fatalismus. Und schließlich die Engagierten, die es über emotionale Schuldzuweisung hinaus auch nicht immer schaffen, ein allgemeines Gefühl persönlicher Verantwortung und Bewusstheit über nötige Veränderungen zu verbreiten. Diese drei Typen hatte I. H. Langford vom Centre for Social and Economic Research on the Global Environment bereits zu Beginn unseres Jahrtausends identifiziert.

Doch um bei wichtigen Themen, die Handlungsbereitschaft erfordern, Abwehrreaktionen und damit letztlich auch eine immer stärkere Polarisierung unserer Gesellschaft zu verhindern, wäre es wünschenswert, wenn die Mechanismen der Nachrichtenwelt sich änderten. Aufseiten der Sender weniger Überflutung und Alarmismus, mehr Vermittlung auch positiver Ansätze und Lösungsstrategien, und aufseiten der Empfänger ein kritischer Medienkonsum unter dem Motto: Was kann ich meiner Seele und meinem Gehirn sinnvollerweise zumuten? Was kann ich seelisch verdauen? Schließlich bürde ich ja auch bei der Nahrungsaufnahme meinem Bauch nicht wahllos alles auf, sondern wähle mit Bedacht, was mir guttut.

☐ 1. Die Autorin kritisiert die Anonymität der Berichterstattung und möchte, dass bei den Empfängern der Nachrichten mehr emotionale Nähe geschaffen wird.

☐ 2. Die Autorin warnt vor einer zunehmenden Polarisierung der Gesellschaft in Sender alarmistischer Nachrichten und unkritische und abgestumpfte Empfänger.

☐ 3. Die Autorin kritisiert die heutzutage herrschende Überflutung der Menschen mit negativen Meldungen und sieht darin eine Gefahr nicht nur für die menschliche Psyche, sondern auch für die nötige Handlungsfähigkeit bei der Bewältigung zukünftiger Probleme.

1 b) Ordnen Sie die folgenden Wörter und Ausdrücke einer passenden Bedeutung zu.

1. die Hiobsbotschaft
2. verkünden
3. hinauszwitschern
4. hedonistisch
5. die Betroffenheit
6. aufgebläht
7. ragen
8. abgestumpft
9. der Bewältigungs-mechanismus
10. der Säbelzahntiger
11. die Widrigkeit
12. sich fortpflanzen
13. die Gepflogenheit
14. düster
15. sich abkoppeln
16. die Schönfärberei
17. der Sündenbock
18. heraufbeschwören
19. verleugnen
20. der SUV
21. aufbürden

- [ ] a) höher oder länger sein als die Umgebung
- [ ] b) die Gewohnheit, die Sitte
- [ ] c) etwas, was einen hemmt oder behindert
- [ ] d) bekannt geben, öffentlich machen
- [ ] e) jemand, der angeblich an allem schuld ist
- [ ] f) etwas nicht als wahr anerkennen
- [ ] g) Lust und Genuss erreichen wollen
- [ ] h) apathisch, zu keinem Gefühl fähig
- [ ] i) finster, schwermütig, bedrohlich
- [ ] j) Geländelimousine mit extrem hohem Kraftstoffverbrauch und hoher CO_2-Emission
- [ ] k) die Art und Weise, wie man normalerweise mit etwas fertig wird
- [1.] l) Begriff aus der Bibel, Nachricht mit katastrophalem Inhalt
- [ ] m) dick, geschwollen, mit Luft gefüllt
- [ ] n) eine Verbindung lösen
- [ ] o) wie ein Vogel laut singen; unbedacht und vorschnell etwas erzählen oder kommentieren
- [ ] p) mit einer schweren Last beladen
- [ ] q) ein Gefühl, hervorgerufen durch unangenehme oder schmerzliche Überraschung
- [ ] r) Kinder bekommen
- [ ] s) sich in aller Dramatik vorstellen, ausmalen
- [ ] t) Vorläufer der heutigen Raubkatzen, mit sehr langen, scharfen Reißzähnen
- [ ] u) eine schlechte Sache besser darstellen, als sie ist, oft nicht mehr der Wahrheit entsprechend

B

1 c) Lesen Sie den Text noch einmal. Sind die folgenden Aussagen richtig oder falsch?

		richtig	falsch
1.	Überbringer schlechter Nachrichten gefährden ihr Leben.	☐	☒
2.	Man sollte Nachrichten immer in allen Details bringen, damit sich der Zuhörer oder Zuschauer in die berichtete Situation einfühlen kann.	☐	☐
3.	Die schockierendsten Meldungen erhalten erfahrungsgemäß die größte Aufmerksamkeit.	☐	☐
4.	Nur die Berichte sozial engagierter Leute sind korrekt, aber die Internetnutzer lesen lieber die Seiten von Influencerinnen.	☐	☐
5.	Es gibt sowohl auf Sender- als auch auf Empfängerseite selektive Wahrnehmung, die durch die Werte und Normen der jeweiligen Person bestimmt sind.	☐	☐
6.	Vom Elend dieser Welt gibt es endlos viele Bilder, die an die Gefühle der Menschen appellieren.	☐	☐
7.	Manche Menschen reagieren unmittelbar und versuchen, mit einer Geldspende zu helfen.	☐	☐
8.	Wer ununterbrochen Katastrophenmeldungen konsumiert, reagiert mit psychischen Symptomen darauf.	☐	☐
9.	Die Sucht nach negativen Nachrichten kann als Ventil für Angst- und Bedrohungsgefühle gesehen werden.	☐	☐
10.	Evolutionsbiologen haben festgestellt, dass das Gehirn des Menschen in der Verarbeitung von Stress noch nicht so weit entwickelt ist wie seine sonstigen Fähigkeiten.	☐	☐
11.	Vor 2,5 Millionen Jahren begann das Erdzeitalter, das als Anthropozän bezeichnet wird.	☐	☐
12.	Das menschliche Gehirn nimmt Negatives schneller und intensiver als Positives wahr.	☐	☐
13.	Positive Meldungen oder Berichte über nichts Außergewöhnliches sind kaum medientauglich.	☐	☐
14.	Die Realität wird immer bedrohlicher.	☐	☐
15.	Um den Menschen ihre Handlungsfähigkeit zu erhalten, müssen Journalisten versuchen, alles schöner darzustellen, als es eigentlich ist.	☐	☐

16. Das Thema Klimawandel kann Abwehrreaktionen hervorrufen, wenn es so alarmistisch dargestellt wird. ☐ ☐

17. Um zu erreichen, dass sich unsere Gesellschaft stärker polarisiert, muss die Nachrichtenvermittlung überdacht werden. ☐ ☐

18. Für die Zukunft wäre es wichtig, sowohl den Fokus der Nachrichten nicht nur auf Katastrophen zu legen, als auch bewusst und in Maßen Nachrichten zu konsumieren. ☐ ☐

1 d) Welche der beiden Möglichkeiten umschreibt den Ausdruck korrekt? Kreuzen Sie an.

1. etwas mit dem Leben bezahlen
   - ☐ sein ganzes Leben lang für etwas bezahlen
   - ☒ getötet werden
2. es gilt etwas zu tun
   - ☐ man muss etwas tun
   - ☐ was man tut, hat Gültigkeit
3. jemandem eine bittere Wahrheit zumuten
   - ☐ den Mut haben, die Wahrheit zu sehen
   - ☐ die Wahrheit sagen, auch wenn es schmerzt
4. Internetnachrichten jedweder Couleur
   - ☐ Internetnachrichten verschiedenster Art
   - ☐ Internetnachrichten in vielen Sprachen
5. in die Welt hinausgezwitscherte Halbwahrheiten
   - ☐ über soziale Netzwerke verbreitete Nachrichten, die nur teilweise stimmen
   - ☐ positiv und fröhlich dargestellte halbe Nachrichten
6. koste es, was es wolle
   - ☐ was man will, das hat seinen Preis
   - ☐ es ist egal, was es kostet
7. gepaart mit der Überzeugung
   - ☐ es gibt ein paar Überzeugungen
   - ☐ zusammen mit der Überzeugung
8. das Weite suchen
   - ☐ ganz weit weglaufen
   - ☐ etwas überall suchen
9. Anziehungskraft ausüben
   - ☐ mit Begeisterung etwas tragen
   - ☐ etwas ist attraktiv
10. sich in etwas ergehen
    - ☐ langes und anstrengendes Gehen
    - ☐ etwas in übertriebener Weise tun
11. eine Verschwörungstheorie wittern
    - ☐ sich viele Theorien ausdenken
    - ☐ vermuten, dass etwas absichtlich und von mächtigen Leuten gelenkt passiert

1 e) Fassen Sie die Hauptaussagen der Abschnitte in jeweils 1 bis 2 Sätzen zusammen.

1. Z. 1–13: *Eigentlich hat die Psychologie erkannt, dass schlechte Nachrichten einfühlsam und schonend übermittelt werden müssen.*
2. Z. 14–23: ______
3. Z. 24–37: ______
4. Z. 38–50: ______
5. Z. 51–63: ______

6. Z. 64–79: ______

7. Z. 80–84: ______

8. Z. 85–95: ______

9. Z. 96–104: ______

1 f) Schreiben Sie einen Leserbrief mit ca. 200 bis 250 Wörtern, in dem Sie Ihre Meinung zu einem Argument aus dem Kommentar der Tageszeitung äußern. Beziehen Sie dabei auch einmal einen kritischen Standpunkt. Dafür können Sie die Redemittel aus dem Schüttelkasten verwenden.

Es ist doch eher so, dass ... • Ich bin mir nicht sicher, ob man wirklich sagen kann, dass ... • Gegen diese Behauptung spricht, dass ... • Man kann das an folgendem Beispiel verdeutlichen: ... • Ich bezweifle, dass ... • ... bleibt abzuwarten. • Entscheidend für ... ist ... • Im Prinzip ist das richtig, trotzdem ... • Ich vertrete die Ansicht, dass ...

B2 Obdachlos: schutzlos, wehrlos, machtlos

2 a) Lesen Sie die Reportage aus der monatlich erscheinenden Zeitschrift „Randgebiete“ und markieren Sie auf den Seiten 48 bis 50 jeweils den richtigen Satz a, b, c oder d.

Geradezu beschwörend kehrt dieser Satz in der achtteiligen Podcast-Serie des Berliners André Hoek immer wieder: „Det sind janz normale Menschen!“ Er weiß es, denn er selbst lebte fast zwei Jahre auf der Straße und hat es sich jetzt zur Aufgabe gemacht, über das Leben der Obdachlosen zu informieren, Vorurteile abzubauen und mit Klischees und Mythen aufzuräumen.

Ganz normale Menschen, die eine schwere Lebenskrise aus der Bahn warf. Die eine Abwärtsspirale bis auf die Straße führte. Oft steht am Anfang der Verlust des Arbeitsplatzes, manchmal auch eine längere Krankheitsphase, psychische Probleme, Sucht, Schulden, Scheidung oder Trennung. Die Reihenfolge der Schicksalsschläge spielt dabei keine Rolle, wesentlich ist, wie häufig sie zusammen auftreten, sich dominoeffektartig gegenseitig bedingen, und wie frappierend die plötzliche Diskrepanz zwischen der gerade noch geregelten bürgerlichen Existenz und dem Aufwachen auf der Straße ist, wo man, wie Hoek es ausdrückt, mit einem Schlag für die meisten Menschen unsichtbar wird. Werden die Rechnungen nicht mehr bezahlt und steht einige Monate die Mietzahlung aus, folgt in unerbittlicher Konsequenz die Räumungsklage. Solange noch ein soziales Netzwerk aus Familie und Freunden greift, wird der Betroffene nicht als obdach-, sondern nur als wohnungslos bezeichnet, doch die Erfahrung zeigt, dass sich diese verbliebenen Bindungen meist als nicht besonders tragfähig erweisen, erst recht nicht, wenn, wie so oft, beim Betroffenen zunehmend Alkohol im Spiel ist.

Laut dem UN-Programm Habitat sind weltweit geschätzte 100 Millionen Menschen obdachlos, 4 Millionen davon entfallen auf Europa. Eine Entspannung dieser Situation ist nicht abzusehen, solange die Preise für Wohnraum weiterklettern. Errechnet wurde in der oben genannten Untersuchung, dass für die Mehrheit der Stadtbevölkerung weltweit der Mittelwert der Eigenheimpreise das Fünffache des jährlichen Brutto-Haushaltseinkommens beträgt. Als maximal bewältigbar gilt aber nur das Dreifache.

Und Obdachlosigkeit gefährdet Leib und Leben der Betroffenen. Das Risiko eines vorzeitigen Todes ist zwei- bis fünfmal höher als in der übrigen Bevölkerung. Eine Untersuchung in Kanada über obdachlose Frauen zwischen 18 und 44 Jahren kam sogar auf einen Multiplikator von zehn. Tuberkulose-Infektionen sind 20-mal höher, Depressionen tauchen siebenmal häufiger auf und die Notfallambulanzen werden viermal häufiger aufgesucht. Zu vermuten ist allerdings, dass hier die Dunkelziffern um ein Vielfaches höher sind.

Hilfsorganisationen in Deutschland warnen vor einem weiteren dramatischen Anstieg der Zahlen, seit die Zahl der Sozialwohnungen erheblich gesunken ist und Kommunen, Länder und Bund durch den Verkauf staatlich geförderter Wohnungen an private Investoren weiteren bezahlbaren Wohnraum aus der Hand gegeben haben. Einen harten Rückschlag bei der Planung zukunftsweisender Projekte hatte vor einigen Jahren die Stiftung BISS in München zu verzeichnen. Sie hilft „Bürgern In Sozialen Schwierigkeiten" sich durch den Verkauf einer monatlich erscheinenden Straßenzeitung selbst zu helfen und schafft für die Verkäufer, die auf dem üblichen Arbeitsmarkt keine Chance hätten, sozialversicherungspflichtige Arbeitsplätze: ein erster Schritt zurück in Lohn und Brot, samt dem nicht hoch genug einzuschätzenden Wert für das angeschlagene Selbstbewusstsein. Denn auch das Umfeld wertet diese Art des Bettelns völlig anders: Der arbeitet ja, der versucht wenigstens, was zu machen!

Ein niedrigschwelliges Hilfsangebot zur Selbsthilfe geben zu können, war auch das Ziel für das Projekt „Hotel BISS", das aus einem ehemaligen Frauengefängnis ein Vier-Sterne-Hotel machen und dadurch 40 Ausbildungs- und Arbeitsplätze sowie einige altersgerechte Wohnungen schaffen sollte. Trotz einer Spendensumme von 1,5 Millionen und einer gesicherten Gesamtfinanzierung über 18 Millionen Euro ging der Zuschlag an einen anonymen kommerziellen Immobilieninvestor und eine große Chance, gesellschaftlichen Zusammenhalt zu üben und sozial benachteiligten Bürgern zu helfen, wurde vertan.

Harte Arbeit ist das Überleben auf der Straße, wie André Hoek zu berichten weiß. Das Geld, das einen über Wasser halten soll, muss erbettelt, erschnorrt, durch Flaschensammeln oder im besten Fall durch den Verkauf von Straßenzeitungen verdient werden. Ein paar Euro, um Essen kaufen zu können, mal eine Waschmaschine im Waschsalon zu bezahlen oder ein Straßenbahn-Ticket, bei Kälte vielleicht eine Tasse Kaffee, mit der man sich einen Aufenthalt im Warmen erkauft, sowie die häufig obligatorische Flasche Schnaps, die vom tristen Dasein ablenken oder auch bei tatsächlicher Alkoholkrankheit den schweren Entzugserscheinungen zuvorkommen soll.

Es habe ihn schwerste Überwindung gekostet, tatsächlich Menschen aktiv anzusprechen und um Geld zu bitten. Doch der minimale Ertrag durch einfaches Betteln, der noch nicht einmal für das Allernötigste reichte, habe ihn dazu gezwungen. Wenn man beim Schnorren einen lustigen Spruch zum Besten geben könne, habe man die größten Erfolgschancen, auch wenn die Lebensumstände wahrlich nicht dazu angetan sind, sich in heiterer Gemütslage zu befinden. „Können 'se mir ma'n Euro geb'n? Kriegen 'se auch morg'n sicher nich' zurück!" Ein Lacher, und schon ist der Euro da.

Doch noch mehr Überwindung koste es, in Mülleimer zu greifen, um Pfandflaschen herauszufischen. Die Verletzungs- und Infektionsgefahr ist hoch, zudem seien die ertragreichen Plätze hart umkämpft. Habe einer jedoch tatsächlich mehrere Pfandflaschen erobert, sei noch nicht gesagt, ob er sie auch in bare Münze umtauschen kann. Häufig werde Obdachlosen der Zugang zu den Geschäften verwehrt und sie würden mit fadenscheinigen Argumenten abgewiesen.

Die Ausgrenzung zieht sich durch alle Ebenen. Beim Betteln beleidigt, beschimpft oder sogar bespuckt, beim Schlafen bestohlen, überfallen, geschlagen oder ermordet – die Liste der erniedrigenden und traumatisierenden Erfahrungen eines jeden Obdachlosen ist lang. Überall und ständig werden sie damit konfrontiert, wie unerwünscht sie sind. Das zieht sich durch bis hin zu den Organen des Sozialstaats, die sich eigentlich für jeden Menschen einsetzen oder zumindest die Einhaltung gesetzlich vorgeschriebener Regeln überwachen sollten: Polizei, medizinische Einrichtungen und Sozialämter. Doch neben schockierenden und zutiefst frustrierenden Erlebnissen weiß André Hoek auch stets von einzelnen Polizisten, Ärzten oder Beamten zu berichten, die sich über die Maßen engagiert und hilfsbereit zeigten. So betont er immer wieder, dass er ohne die medizinische Ambulanz einer Notunterkunft in Berlin, wo Ärzte ihre Freizeit ehrenamtlich opfern, um eine Unzahl an Verletzungen, Krankheiten und Leiden zumindest notdürftig zu versorgen, längst nicht mehr am Leben wäre.

Der freiwillige und ehrenamtliche Einsatz von Menschen, die oft beruflich gar nichts mit dem Sozialsystem zu tun haben, ist es meist, der viel Gutes bewirkt. Karitative Einrichtungen bieten Wärmestuben, Notschlafplätze, Hygieneartikel, eine Kleiderkammer, Unterstützung bei Behördengängen oder einfach ein offenes Ohr für alle. Duschmobile für Frauen, die kurzzeitig ein Minimum an Privatsphäre für Körperhygiene und ungestörtes Sortieren der persönlichen Habe geben, Kältebusse, die im Winter Suppe, warme Getränke und Schlafsäcke verteilen, oder größere codebetriebene Schließfächer am Bahnhof, die bei Bedarf den Obdachlosen davon entlasten, ständig seine wenigen Besitztümer zu bewachen und mit sich herumzuschleppen, was ihn oder sie zudem sofort stigmatisiert. Und schließlich die Übernahme einer Bestattung mit Aussegnung und Trauerfeier, wie zum Beispiel von den „Straßenengeln" in Hanau geleistet. Denn die Vorstellung, einmal namenlos und endgültig vergessen in irgendeinem Loch zu landen, belastet viele der Obdachlosen zusätzlich.

Dem Teufelskreis, der so perfide wie perfekt ist, ist kaum zu entkommen: ohne Wohnung keine Arbeit, ohne Arbeit keine Wohnung. Welcher potenzielle Arbeitgeber lädt zu einem Bewerbungsgespräch ein, wenn der Bewerber keine Adresse vorweisen kann, und wie wird wohl ein Bewerbungsgespräch verlaufen, wenn das äußere Erscheinungsbild des Bewerbers sehr zu wünschen übriglässt? Ganz zu schweigen davon, wie schwierig es ist, ohne Wecker pünktlich zu erscheinen oder alle geforderten Papiere in geordnetem und anständigem Zustand zu überreichen.

Bürokratische Hürden, die die Gesellschaft für den aufstellt, der an ihr teilhaben möchte, sind mitunter schier unüberwindlich, selbst wenn es um Sozialhilfe geht. Und auch staatliche Mitarbeiter sind vor Antipathien nicht gefeit und in ihrer Hilfsbereitschaft mitunter mäßig engagiert, wie André Hoek erfahren musste. Streetworker, die nah an der Szene arbeiten und entsprechend effektiv sein können, sind selten, laut Hoek geradezu mythologische Wesen. Jeder Obdachlose kenne jemanden, der wiederum jemanden kenne, der schon einmal einen Streetworker getroffen habe …

Dabei verschlingt dieses soziale Netz Unsummen, allein um sich selbst zu verwalten. Der kleinste Teil davon kommt tatsächlich bei den Bedürftigen an. Ganz anders zum Beispiel in Finnland. Das Projekt „Housing First“ vergibt an jeden Menschen, der obdachlos geworden ist, voraussetzungslos eine Wohnung. In diesem geschützten, sicheren Bereich kann er zur Ruhe kommen und seine Probleme angehen, in dem ihm eigenen und möglichen Tempo. Einzige Bedingung ist das monatliche Gespräch mit dem Sozialbetreuer. Damit unterscheidet sich dieses Konzept erheblich vom bisherigen Weg, auf dem der Obdachlose erst seine Wohnfähigkeit unter Beweis stellen muss, wozu in der Regel auch Abstinenz gehört. Eine nicht enden wollende Diskussion um Huhn oder Ei.

Oberster Leitsatz dieses Ansatzes aus der US-amerikanischen Sozialpolitik ist es, Obdachlosigkeit gar nicht erst entstehen zu lassen. Räumungsklagen ließen sich zum Großteil verhindern, würden rechtzeitig Sozialarbeiter eingeschaltet, und falls neuer Wohnraum zur Verfügung gestellt werden muss, ermöglicht das freiwillige Einfordern von unterstützenden Maßnahmen in der Regel auch die Reintegration in den Arbeitsmarkt. In einzelnen Pilotprojekten auch in Deutschland wurde erwiesen, dass „Housing First“ eine signifikante Kostenreduktion bedeutet, durch den Rückgang von Rettungseinsätzen, Polizeieinsätzen, Bedarf an Notunterkünften und Finanzierung von Gefängnisaufenthalten. Die Gesamtkosten hätten sich nahezu halbiert, so André Hoek. Wesentlich sei, dass sich allmählich das Bewusstsein, neue Wege einschlagen zu müssen, in der Gesellschaft etabliere.

Jeden Tag ist es jedoch auch für jeden Einzelnen möglich, das Elend ein wenig zu mildern. Eine kleine Spende, die sich am Ende des Monats auf einen durchaus noch verträglichen Betrag summiert, eine kurze Frage, womit man denn helfen könne. Hoek erzählt, dass die Wünsche meist durchaus bescheiden seien: ein kleines Taschenradio als „Tor zur Welt“, eine Stirnlampe für die Nacht, ein kleines Taschenmesser – oder warme, zweckmäßige Kleidung für den Outdoor-Bedarf, die hier einmal keiner sportlichen Herausforderung dient.

Im Gespräch könne man dann oft merken: „Det is ja een janz normaler Mensch, der hat doch jar nischt hier verlor'n!“

1. Was ist der Grund für Obdachlosigkeit?

   a) Das Ende einer geregelten bürgerlichen Existenz.

   b) Die Alkoholabhängigkeit, die den Betreffenden durch alle sozialen Netze fallen lässt.

   c) Eine Räumungsklage, weil man die Miete nicht mehr bezahlt hat.

   d) Ein Zusammenspiel aus mehreren Schicksalsschlägen, die sich oft gegenseitig bedingen.

2. Im Hinblick auf die statistischen Werte bezüglich Obdachlosigkeit weltweit sagt die Autorin: ...

   a) Es gibt Untersuchungen, die den Bevölkerungsanteil an Obdachlosen genau statistisch erfassen.

   b) Der Erwerb eines Hauses übersteigt für den Großteil der in Städten lebenden Menschen bei Weitem sein Einkommen.

   c) In Kanada sind mehr als doppelt so viele obdachlose Frauen wie Männer gestorben.

   d) Die Dunkelziffern bezüglich Krankheit und Tod bei Obdachlosen sind viermal höher als die statistisch erfassten.

3. Über das Projekt „Hotel BISS" berichtet die Autorin: ...

   a) Hier ist durch den Verkauf der Immobilie an einen kommerziellen Investor weiterer bezahlbarer Wohnraum vergeben worden.

   b) Hier sollten aus der Haft entlassene Frauen Arbeit bekommen.

   c) Da ein anonymer Immobilieninvestor eine gesicherte Gesamtfinanzierung über 18 Millionen vorweisen konnte, erhielt er das Projekt.

   d) Dieses Projekt sollte Ausbildungs- und Arbeitsplätze für Bürger in sozialen Schwierigkeiten schaffen.

4. Womit verbringen Obdachlose einen Großteil ihres Tages?

   a) Jeder Tag ist davon bestimmt, irgendwie durch den Erwerb einiger Euro sein Überleben zu sichern.

   b) Die Obdachlosen betteln um ein paar Euro, um sich Alkohol kaufen zu können.

   c) Die Obdachlosen versuchen im Winter sich den ganzen Tag in warmen Cafés aufzuhalten.

   d) Flaschensammler und Zeitungsverkäufer verdienen zwar nicht viel, aber sie haben wenigstens ein sicheres Einkommen.

5. Mit welchem Problem kämpfen viele Obdachlose, bevor sie betteln?
   a) Pfandflaschen können in den üblichen Geschäften nicht zurückgegeben werden.
   b) Nur die Bettler, die fröhlich erscheinen, bekommen Geld.
   c) Die Hemmschwelle ist hoch, bevor man es schafft, einen Passanten aktiv um Geld zu bitten.
   d) Die Obdachlosen kämpfen häufig um die Pfandflaschen, wobei das Verletzungsrisiko sehr groß ist.

6. Über seine Erfahrungen mit sozialen Einrichtungen berichtet André Hoek: ...
   a) Er ist schockiert und frustriert, weil er als Obdachloser nie Hilfsangebote erlebt hat.
   b) Vereinzelt gibt es Erfahrungen Obdachloser von tätlichen Übergriffen.
   c) Die Organe des Sozialstaats überwachen zuverlässig die Einhaltung gesetzlich vorgeschriebener Richtlinien.
   d) Besonders großen Respekt verdienen die medizinischen Ambulanzen in Notunterkünften, die von ehrenamtlichem medizinischen Personal betrieben werden.

7. Welche Hilfsangebote sind für Obdachlose sehr wertvoll?
   a) Unterstützung, die darauf abzielt, ihnen ein Minimum an menschlicher Würde zu erhalten, wie Duschmobile für Frauen, kostenlose Schließfächer oder Bestattungen.
   b) Die Angebote des Sozialstaats, die von den Sozialämtern verbreitet werden.
   c) Die regelmäßige Begleitung durch Streetworker.
   d) Ausschließlich der ehrenamtliche Einsatz von engagierten Menschen, weil sie nichts mit dem Sozialsystem zu tun haben.

8. Weshalb ist es für Obdachlose schwer, wieder in geregelte Arbeit zu kommen?
   a) Weil sie keine Einladungen zu Bewerbungsgesprächen bekommen.
   b) Weil sie die bürokratischen Hürden nicht bewältigen.
   c) Weil sie nicht pünktlich kommen und ihre Papiere unordentlich sind.
   d) Weil ohne eine feste Adresse eine Bewerbung nahezu unmöglich ist.

9. Was ist der Vorteil des Konzepts Housing First?

   a) Es setzt nicht voraus, dass der Obdachlose den Beweis seiner Wohnfähigkeit erbringen muss.

   b) Es halbiert die nötige Anzahl an Sozialarbeitern.

   c) Durch die Kostenreduzierung etabliert sich ein neues Bewusstsein in der Gesellschaft.

   d) Im sicheren Wohnbereich wird der Alkoholabhängige umgehend abstinent.

10. Wie kann jeder Einzelne mit dem Thema Obdachlosigkeit umgehen?

    a) Jedem Obdachlosen ein kleines Taschenradio schenken.

    b) Mit Obdachlosen ins Gespräch kommen und erfragen, was benötigt wird.

    c) Keine Geldspenden, da sie sich zu stark summieren.

    d) Outdoor-Bekleidung schenken, damit sich Obdachlose fit halten können.

2 b) Lesen Sie die folgenden Kommentare und ergänzen Sie die Wörter aus den Schüttelkästen. Achten Sie auf die korrekte Form.

Mit großem Interesse habe ich Ihre *aufschlussreiche* (1) Reportage über Obdachlosigkeit gelesen. ____________ (2) scheint mir ein wesentlicher Aspekt zu kurz zu kommen. Wäre nicht die Politik in der Pflicht, durch Einführung eines Mietendeckels den Menschen die Sicherheit zu geben, dass sie sich ____________ (3) ihre Wohnung leisten können werden? Und wäre es ____________ (4) nicht unumgänglich, das Baurecht dahingehend zu ändern, dass bei jedem größeren Projekt ein ____________ (5) Anteil an kostengünstigen Wohnungen entstehen muss? ____________ (6) der großen Wohnungsnot in Ballungsräumen werden ____________ (7) wertvolle Flächen als Gewerbegebiete ausgewiesen. ____________ (8) bedeutet das in der Folge natürlich auch Arbeitsplätze, Priorität sollten ____________ (9) bereits vorhandene Viertel haben, die ____________ (10) Nachverdichtungspotenzial bieten. Bezahlbarer Wohnraum, das sollte ____________ (11) erstes Ziel sämtlicher politischen Bemühungen sein.

durchaus • gleichwohl • wohl • dauerhaft • ungeachtet • ~~aufschlussreich~~ • erheblich • darüber hinaus • zunehmend • jedoch • zwar

An dieser Stelle möchte ich meinen *Unmut* (1) über diese höchst tendenziöse Reportage ausdrücken, die eines der effektivsten Sozialsysteme der westlichen Welt zu kritisieren ____________ (2). Wechseln Sie lieber einmal die Perspektive: Sie sind Polizist oder Beamter im Sozialamt und werden tagtäglich mit Menschen ____________ (3), die auf ihr angebliches Recht ____________ (4), der Steuerzahler müsse ausgerechnet ihnen helfen, egal, wie drogensüchtig, alkoholabhängig, ____________ (5) und verwirrt sie sind. Was ist mit der Eigenverantwortung eines jeden Menschen? Jeder weiß doch, dass man mindestens drei Monatsgehälter ____________ (6) legen sollte, um ____________ (7) einen Rückhalt zu haben und nicht dem Staat ____________ (8) zu liegen! Wirklich hilfsbedürftig sind die vielen alten Menschen, die trotz 40 oder sogar 50 Jahren harter Arbeit eine Rente unterhalb des ____________ (9) bekommen. Um die muss sich der Staat erst einmal kümmern, denn sie haben ____________ (10) mehr zu arbeiten. Alle anderen schon, wenn sie es wirklich wollen.

Existenzminimum • in mageren Zeiten • ~~Unmut~~ • auf der Tasche • verwahrlost • konfrontieren • auf die hohe Kante • pochen • keine Chance • wagen

Leider kann ich aus eigener Erfahrung Ihre hervorragende Reportage nur *bestätigen* (1). Die Obdachlosigkeit ______________ (2) mir nur, zum Glück, denn dank der ______________ (3) Hilfsbereitschaft eines befreundeten Ehepaars ist es mir gelungen, in einer kleinen ______________ (4) am Rande meiner Heimatstadt ein Zimmer zur Untermiete zu ______________ (5). Doch das Sozialamt mit all seinen bürokratischen ______________ (6) war mir keine Hilfe. Zudem wird man erst, wenn Kündigung oder ______________ (7) vorliegen, an die Fachstelle für Wohnungsnotfälle ______________ (8). Und dort erhältliche Listen enthalten Wohnungen, die zum Teil ______________ (9) oder schon gar nicht mehr vorhanden sind. Kommt es tatsächlich zu einem ______________ (10) mit über zwanzig Bewerbern, haben natürlich diejenigen die besseren ______________ (11), deren Einkommen deutlich über Hartz IV liegt. Wie gesagt, fast wäre ich zum „______________“ (12) geworden, trotz meiner Rücklagen.

Vorortgemeinde • drohen • aufopfernd • Hürde • Karte • überweisen • ~~bestätigen~~ • Räumungsklage • Penner • überteuert • ergattern • Besichtigungstermin

2 c) Schreiben Sie nun einen eigenen Kommentar. Verwenden Sie dabei die Inhalte der unten vorgegebenen Stichpunkte.

aufschlussreiche Reportage • Housing First bei uns • Sozialsystem erheblich entlasten • viele RentnerInnen unter Existenzminimum • Unterstützung brauchen • weniger gut gestellte Menschen • hart umkämpfter Wohnungsmarkt • deutsche Metropolen • schlechte Karten • Wohnung ergattern • unumgänglich • Betreuung durch Sozialarbeiter • Suchtkrankheiten unüberwindliches Hindernis • Weg zurück in Gesellschaft

C Wirtschaft und Konsum

C1 Auf der Suche nach der selbstbestimmten Zeit

1 a) Lesen Sie den Artikel und ergänzen Sie die fehlenden Sätze a) – i) von Seite 59.

Leben, um zu arbeiten? Oder arbeiten, um zu leben? (1) *b) Beide Konzepte geben in der heutigen Zeit tiefgreifender gesellschaftlicher Umwälzungen und Veränderungen keine zufriedenstellende Antwort.* Zum einen wird in der Regel die Arbeit dem Anspruch als alleiniger Lebenssinnstifter wenig gerecht, zum anderen sind in den europäischen Gesellschaften die Zeiten ausbeuterischer Arbeitsbedingungen wie zu Beginn der industriellen Revolution lange überwunden. Und dennoch grüßt täglich das Murmeltier:

(2) ______________________________

____

____

____

____

Untersuchungen zufolge hinterfragen immer mehr Menschen die Sinnhaftigkeit ihres Arbeitslebens und träumen von einem Sabbatjahr, von vorzeitiger Rente oder einem gänzlichen Ausstieg aus ihrem gewohnten Berufsleben. Selbstbestimmte Zeit, das ist der Luxus, den so manch eine*r dem Zweit- oder Drittwagen oder diversen smarten Errungenschaften vorziehen würde.

Doch es ist nicht so eindeutig, wie die Zeit, über die man frei verfügen kann, genau definiert werden soll. Zeit ist in vier Phasen zu unterteilen, weiß der Zukunftswissenschaftler und Freizeitforscher Professor Dr. Ulrich Reinhardt. Klar erkennbar sind die Zeit für Schlaf und die Determinationszeit, nämlich die klassische Arbeitszeit. Doch dann gibt es die sogenannte Obligationszeit für Erledigungen, die während der Arbeitszeit keinen Platz finden, wie Einkäufe, Arztbesuche, private Büroarbeiten usw. Was dann noch übrig bleibt, die Dispositionszeit, ist die herkömmliche Freizeit – ein Wort, das gewöhnlich mit Bildern von Hobbys, Ausgehen oder dem süßen Nichtstun assoziiert wird. Indessen mutiert diese Dispositionszeit beim Großteil der ArbeitnehmerInnen überwiegend zur Obligationszeit. Wann sonst als in der lohnarbeitsfreien Zeit soll um den Kindergartenplatz für den Nachwuchs gekämpft, der Termin für die Reparatur der Heizung vereinbart, die regelmäßige Zahnkontrolle durchgeführt, neue Winterschuhe gekauft oder der Kühlschrank gefüllt werden?

(3) ____________________

____

____

____

____

____

Das könnte sich nun ändern. (4) ____________________

____

____

____

____

Und dennoch: Der Klassiker gilt nach wie vor, dass aufgrund der zeitlich hohen Arbeitsbelastung Väter und Mütter noch nicht einmal die Namen der Freunde und Freundinnen der Kinder kennen oder den neuesten Entwicklungsschub ihres Sprößlings vom Erziehenden in Kindergarten oder Krippe mitgeteilt bekommen. Doch nicht nur das Konzept Familie leidet, auch bei über die Maßen ausgelasteten Singles oder kinderlosen Paaren verkommt die Wohnung unter der Woche zum Schlafcamp und die Pläne, sich gesünder ernähren zu wollen, bleiben auf der Kantinen- und Fastfood-Strecke. Wirkt da nicht die am Arbeitshimmel auftauchende Verheißung verschiedener Modelle zur Arbeitszeitkürzung unendlich verlockend?

US-amerikanische, skandinavische, aber auch deutsche Unternehmen erproben schon seit Längerem verschiedene Arbeitszeitmodelle. Vier Tage Arbeit mit Erhöhung der Tagesarbeitszeit auf neun oder zehn Stunden, vier Tage Arbeit mit um acht Stunden gekürzter Wochenarbeitszeit oder fünf Tage Arbeit, jedoch mit nur sechs Stunden. Die Ergebnisse glichen sich alle: zufriedenere und motiviertere Mitarbeitende sowie weniger Krankheitsausfälle. Etwaige Befürchtungen von Verlust an Produktivität und Wettbewerbsfähigkeit traten nicht ein, im Gegenteil: Wie die Firma Microsoft, die die vier-Tage-Woche in einer japanischen Filiale testete, bekanntgab, steigerte sich die Produktivität der Beschäftigten im Versuchszeitraum sogar fast um 40 %.

(5) ____________________

____

____

____

Diese Zeitfresser stehen auch auf der Agenda, wenn Firmen ihr Qualitätsmanagement überprüfen, doch aus der gesteigerten Effizienz resultiert für den Arbeitnehmer nur bedingt ein Vorteil. Sie kommt allein der Firma zugute: Effizienteres Arbeiten führt zu Produktivitätssteigerung des Einzelnen und somit letztendlich zu Personaleinsparung.

Einer Studie zufolge würden mehr als die Hälfte der befragten Deutschen sogar finanzielle Einbußen in Kauf nehmen, könnten sie ihre Arbeitszeit verkürzen. Allerdings bewiesen die vielen Testläufe, dass dazu keine Notwendigkeit besteht, denn trotz gleichbleibender Bezahlung sind die Konsequenzen für die Firmen durchweg positiv.

(6) ____________________

Erstaunlicherweise führen längere Arbeitszeiten an vier Tagen der Woche auch nicht zu denselben Konsequenzen wie zu lange Arbeitstage an fünf Tagen der Woche. Drei Tage Freizeit sind genug, um die Belastung längerer Arbeitstage gut verarbeiten zu können, erst recht, wenn die Firma Liegen für die Pausen zur Verfügung stellt.

Kritikern zufolge seien dies jedoch nur die kurzfristigen Auswirkungen, nach dem Motto „Neue Besen kehren gut."

(7) ____________________

So könnte sich der Druck bei personellen Engpässen oder wenn sich die Auftragslage des Unternehmens überraschend positiv entwickelt in der verbleibenden Arbeitszeit schleichend wieder erhöhen. Hinzu kommt, dass sich das Modell längst nicht in allen Branchen umsetzen lässt. Viele Berufe, insbesondere im Pflege- und Gesundheitsbereich, aber auch in der Kundenbetreuung oder in Lehrberufen, erfordern die physische Anwesenheit über längere Zeiträume.

Was bleibt, ist die Einsicht, dass starre Arbeitszeitregelungen überdacht werden müssen.

(8) ______________________________

____

____

____

____

Um den Unternehmen mehr Freiraum zu geben, flexible Arbeitszeitmodelle anbieten zu dürfen, müssten die gesetzlichen Rahmenbedingungen entsprechend gelockert werden. Der Kreativität sind keine Grenzen gesetzt: Ein Zeitkonto, das mehr Flexibilität bei der Gestaltung des Lebensverlaufs ermöglichen soll, der Vorschlag, dass alle Behörden und Einrichtungen, die wie die Krankenkassen oder Arbeitslosenversicherungen finanziell von der Arbeitszeitverkürzung profitieren, das gesparte Geld den Kommunen für höhere Beschäftigungskosten oder neues Personal zur Verfügung stellen – utopisch? Vielleicht, aber durchaus wert, auf den Prüfstand gestellt zu werden. Schließlich ist die Einführung der 40-Stunden-Woche über ein halbes Jahrhundert her.

Die Herausforderungen, denen sich Gesellschaft und Wirtschaft stellen müssen, haben sich allerdings in der Zwischenzeit eklatant verändert. Der Philosoph Richard David Precht warnt davor, dass Digitalisierung und künstliche Intelligenz ohnehin unzählige Arbeitsplätze überflüssig machen würden, und diese Entwicklung zu einer sozialen Katastrophe führen könne, sollte der Wert des Menschen weiterhin an seiner Arbeitsleistung gegen Geld gemessen werden.

(9) ______________________________

____

____

____

____

Das Selbstwertgefühl von Millionen Menschen basiere auf ihrer Tüchtigkeit im Sinne einer erstrebenswerten Arbeitsethik. Doch was, wenn in absehbarer Zeit deutlich weniger Arbeit in der bislang gewohnten Form existiert?

Der Traum vom Arbeitenden, dem noch genug Energie bleibt, um abends frisches Gemüse in die Pfanne zu legen, anstatt die Fertigpizza in die Mikro zu schieben, um mit dem Fahrrad zur Arbeit zu fahren, anstatt doch lieber schnell ins Auto zu steigen, um seinen Kindern vorzulesen, anstatt deren Unterhaltung digitalen Entertainern zu überlassen – diese Reihe ließe sich noch endlos fortsetzen. In diesem Kontext liegt es nahe, einen vergleichenden Blick auf den ökologischen Fußabdruck zu werfen. Das Ergebnis ist bemerkenswert: 2008 führte der US-amerikanische Staat Utah für alle Behörden die 4-Tage-Woche ein, mit dem Resultat, in diesem Jahr sechs Millionen Dollar Benzinkosten und 12 000 Tonnen CO_2-Emission eingespart zu haben.

Es scheint, weniger ist in vielerlei Hinsicht mal wieder mehr.

a) Allein die Tatsache, bei der Arbeitseinteilung mitbestimmen zu können, mindert angeblich bereits das Gefühl einer Überforderung. Arbeitszeitsouveränität, zu der nicht nur das Modell der 4-Tage-Woche, sondern auch Homeoffice und Vertrauensarbeitszeit gehört, scheint das Konzept der Zukunft zu sein.

b) Beide Konzepte geben in der heutigen Zeit tiefgreifender gesellschaftlicher Umwälzungen und Veränderungen keine zufriedenstellende Antwort.

c) Besonders bei Familien mit Kindern, erst recht bei alleinerziehenden Elternteilen, schwappt die Obligationszeit mangels Verfügbarkeit in die dem Schlaf reservierte Phase über, ganz zu schweigen davon, dass die Dispositionszeit schon längst für Obligationen verbraucht wurde.

d) Über Jahrtausende der Menschheitsgeschichte hätten die Gesellschaften durchaus auch andere Tugenden und soziale Abgrenzungsmöglichkeiten gekannt, und erst im 17. Jahrhundert habe sich in England das Konzept der Leistungsgesellschaft herausgebildet, wie es sie noch heute gibt.

e) Burn-Out ist kein Thema mehr, es gibt weniger Reibungsverluste durch Einarbeitung von ständig wechselnden MitarbeiterInnen. Aufgrund ihrer Offenheit für flexible Arbeitszeiten sind diese Firmen auf dem Arbeitsmarkt im Vorteil, wenn es darum geht, SpezialistInnen und Fachkräfte zu gewinnen.

f) Der Erkenntnis, dass eine Vollzeitarbeitsstelle den Arbeitnehmenden zunehmend seinem Leben entfremdet, wird in der neuen deutschen Gesetzgebung bezüglich der Erziehungszeiten zumindest ansatzweise Rechnung getragen.

g) Mittelfristig gesehen liefe eine Arbeitszeitverkürzung hingegen auf vermehrte Überstunden oder Aufstockung der Personalkapazität hinaus.

h) Dem Klettern auf der Karriereleiter werden konsequent Privatleben und Ansprüche von Partnern und Kindern geopfert, das Treten im Hamsterrad endet oft im Burn-Out, Zeit- und Leistungsdruck reichen bis hinein in Feierabend und Wochenende.

i) Der Fokus liegt auf effektivem und qualitativ hochwertigem Erledigen der anfallenden Aufgaben, konzentrierter auf das Wesentliche, ohne die üblichen Zeitfresser wie endlose Meetings, Chats innerhalb der Mitarbeiterschaft oder einfach Fehler, die passieren, weil das zu lange Arbeiten stresst und ermüdet.

1 b) Suchen Sie die entsprechenden Wörter oder Wendungen in den angegebenen Textabschnitten. Diese Aufgabe bezieht sich auf den Gesamttext, deshalb kontrollieren Sie vorher Ihre Lösung von 1a) im Lösungsteil.

Seite 55:

1. das Einzige, das dem Leben einen Inhalt gibt: *alleiniger Lebenssinnstifter*
2. eine Situation, in der die Arbeitskraft der Menschen zum alleinigen Nutzen des Unternehmens verwertet und unmäßig ausgenutzt wird: ______________________
3. jeden Tag passiert genau dasselbe (Ausdruck basiert auf einem Filmtitel): ______________________
4. ein Bild für ermüdende Eintönigkeit im Alltag, ebenso langweilig wie anstrengend; ursprünglich ein kleines Laufgerät für in Gefangenschaft lebende Kleintiere: ______________________

5. eine längere Zeitspanne ohne Berufsausübung: ______________________
6. verschiedene Geräte auf dem höchsten Stand der Technik, mit Anstrengung erworben: ______________________
7. gebräuchlich, gewöhnlich; etwas, was schon immer so war: ______________________

Seite 56:

8. über den Rand eines Gefäßes fließen, meist in unkontrollierter Bewegung: ______________________
9. der Biologie entliehener Begriff für Nachwuchs: ______________________
10. verloren gehen: ______________________
11. nach oben kommend, oft im Kontext mit Wasser: ______________________
12. Prophezeiung, ernsthafte Ankündigung von etwas Außergewöhnlichem, das in der Zukunft kommen wird: ______________________
13. verführerisch, einen Anreiz gebend: ______________________

Seite 57

14. mit Einschränkungen: ____________________

15. Verlust, Schaden; etwas geht völlig oder teilweise verloren: ____________________

16. Energie geht durch Widerstand oder Schwierigkeiten verloren:

    ____

17. Einsatz und Engagement sind am Anfang besonders groß, halten sich aber oft nicht lange:

    ____

18. weder von kurzer noch von langer Dauer: ____________________

19. Erhöhung oder Erweiterung um eine bestimmte Anzahl: ____________________

20. Mangel, Knappheit; es steht nicht genug von etwas zur Verfügung:

    ____

21. leise und unbemerkt: ____________________

Seite 58

22. unbeweglich, unveränderlich: ____________________

23. die Arbeitsleistung wird nicht an der Zeit, sondern am Ergebnis gemessen:

    ____

24. austesten, hinterfragen, eingehend analysieren: ____________________

25. eine Besonderheit, durch die sich jemand positiv von anderen abhebt:

    ____

26. die Fähigkeit, etwas besonders geschickt und gut zu machen oder fleißig zu sein:

    ____

27. etwas ist so beschaffen, dass man es sich wünscht oder es begehrt:

    ____

28. in naher Zukunft: ____________________

1 c) Antworten Sie auf die verschiedenen Fragen zum Artikel.

1. Was bedeutet die ironische Anspielung auf einen Film, in dem der Protagonist täglich dasselbe erlebt, „Und dennoch grüßt täglich das Murmeltier"?

2. Wie kann man die verschiedenen Zeitphasen beschreiben, in denen sich ein berufstätiger Mensch bewegt?

3. Was ist damit gemeint, wenn bei Berufstätigen manchmal unter der Woche die Wohnung „zum Schlafcamp verkommt" und die Pläne zu gesunder Ernährung auf der „Kantinen- und Fastfood-Strecke bleiben"?

4. Welche positiven Folgen hatte eine Arbeitszeitverkürzung in einigen Unternehmen, sowohl für die Angestellten als auch für die Firma?

5. Welche negativen Folgen könnten dennoch in der Zukunft eintreten?

6. Was sind die Erfordernisse der Zukunft für Unternehmen und Politik?

7. Weshalb sind Digitalisierung und künstliche Intelligenz die großen Herausforderungen für die Gesellschaft und die Wirtschaft?

8. Weshalb ist eine Arbeitszeitverkürzung auch fürs Klima gut?

1 d) Sie haben den Artikel zum Thema Arbeitszeitverkürzung gelesen. Schreiben Sie nun einen Kommentar mit ca. 300 bis 350 Wörtern an die Redaktion, in dem Sie sich auf die drei folgenden Aussagen beziehen und Ihre Meinung dazu äußern. Benutzen Sie dabei vor allem auch diejenigen Wörter, die neu für Sie waren.

Viele Menschen sind in ihrem Arbeitsleben extrem belastet und gestresst, was an der zunehmenden Zahl an Depressionen und Burn-Out-Syndromen ersichtlich ist. Aus diesem Grund ist es der richtige Ansatz, über eine Verkürzung der Arbeitszeit nachzudenken.

Bei Versuchen in verschiedenen Unternehmen zeigte sich, dass nicht nur die MitarbeiterInnen profitieren und zufriedener und motivierter sind, sondern auch die Firmen. Die Krankheitsausfälle und die Fluktuation werden weniger, und die Firmen finden auf dem Arbeitsmarkt leichter hochqualifizierte Fachkräfte.

Wenn in weniger Zeit mehr geleistet werden muss, fallen sogenannte Zeitfresser wie z. B. endlose Meetings weg. Allerdings könnte mittelfristig auch der Druck auf die Beschäftigten steigen, wenn nicht mehr Personal eingestellt wird.

C2 Schlacht um Beute

2 a) Lesen Sie die Glosse und markieren Sie die zutreffenden Aussagen auf den Seiten 67 bis 69.

Der Begehrlichkeiten sind viele. Und endlich ist es soweit: Die Tore öffnen sich, freier Zugang zu allem, was Seligkeit verspricht. Die Massen drängeln herein und fallen über die heiß ersehnten Dinge her, reißen sie sich gegenseitig aus der Hand. Wüste Beschimpfungen werden gebrüllt und gekreischt. Es kommt zu Handgreiflichkeiten, bei denen auch schon mal jemand zu Boden geht.

Die Plünderung Roms durch die Vandalen? Weit gefehlt. Szenen von einem Black Friday in den USA, die ich voll ungläubigen Staunens auf Videos und in den sozialen Netzwerken gesehen habe. Beschränkt auf die USA? Mitnichten. Manch einer mag sich vielleicht nicht angesprochen fühlen und mit Blick auf amerikanische XXL-Produkte süffisant bemerken, man wisse ja, dass dem US-Amerikaner eine gewisse Neigung zum Extrem innewohne. Doch ein Blick in deutsche, schweizerische oder österreichische Innenstädte an besagtem Freitag nach Thanksgiving belehrt eines Besseren. Auf der Skala der Enthemmung finden sich Schnäppchenjäger und Shopping-Marathonläufer aus deutschsprachigem Raum noch im unteren bis mittleren Bereich angesiedelt. Allerdings genügt das Aufgebot an überdimensionalen Plakaten mit überwältigenden Rabattversprechungen und marktschreierischen Werbebannern, um einem weniger konsumfreudigen Menschen das Gefühl zu vermitteln, er befände sich in der Vorhölle des Kapitalismus.

Im Internet zu surfen fällt an diesem Tag, an diesem Wochenende, inzwischen sogar in der gesamten folgenden Woche, eingeläutet durch den Cyber Monday, schwer. Ich schaue auf den Bildschirm, und im Sekundentakt flimmern die Angebote darüber. Was soll ich mir sichern? Wo verpasse ich gerade die Chance meines Lebens? Um Gottes Willen, in fünf Sekunden ist es zu Ende – was eigentlich? Muss ich nicht ganz schnell irgendwo klicken, um mir nicht den Rest meines Lebens den Kopf zu zermartern, warum ich nicht heute, jetzt, in dieser Sekunde zugeschlagen habe? Atemlosigkeit und ein erhöhter Adrenalinspiegel stellen sich ein.

Mich nicht freudig-erregt in der Fußgängerzone zwischen Hunderten von Shoppern durchdrängeln zu wollen, ist meiner angeborenen Abneigung gegen größere Menschenansammlungen geschuldet. Doch in der schützenden Blase des virtuellen Raums gilt diese Entschuldigung nicht. Hier muss ich mich vor meinem schlechten Gewissen rechtfertigen, weshalb ich keine Lust habe, mir verschiedene Objekte umgehend zu „sichern" und mich damit als sparsam, klug und vorausschauend wirtschaftend zu erweisen. Hektisch google ich, um im Internet nach Argumenten zu suchen, die mir vielleicht doch Recht geben. In diversen Artikeln über den Black Friday wird mir gleich erklärt, dass ein kritischer Blick auf diese Shopping-Massenbewegung arrogant und emphatielos sei, da natürlich jeder, der es sich leisten könne und nicht auf Rabatte angewiesen sei, an anderen Tagen einkaufen würde. Solche Tage seien jedoch die einzige Chance für sozial Schwache, den Lieben trotz schmalem Budget noch etwas Cooles unter den Weihnachtsbaum legen zu können. Das nun auch noch! Mein schlechtes Gewissen wird unerträglich.

Doch die Erlösung naht: Bald lese ich von Fake-Shops im Internet, von hauptsächlich beworbenen Auslaufmodellen oder Ladenhütern und von Reduzierungen, die sich an der unverbindlichen Preisempfehlung des Herstellers und nicht am Durchschnittspreis der Händler orientieren. Verbraucherschützer warnen vor Impulskäufen, die beim Einkauf auf Rabatt zwar wegen erhöhter Dopaminausschüttung im Gehirn Glücksgefühle bescheren, denen aber unausweichlich der Kater folgt, vergleicht man später die Preise oder erhält seine Kontoauszüge. Oftmals tritt auch die Erkenntnis ein, dass das erworbene Zeugs völlig überflüssig ist. Handelt es sich um Onlineshopping, kann es innerhalb von 14 Tagen zurückgeschickt werden. Freilich kommt es spätestens dann zum Kollisionskurs der Fridays: Black Friday gegen Friday-for-future, oder: Konsumwahn gegen Klimaschutz.

Fazit: Gerade noch mal Glück gehabt. Ich muss weder einen Baseball-Schläger kaufen noch einen Kurs in Selbstverteidigung buchen, um nächstes Jahr meine Weihnachtseinkäufe zu erledigen.

1. *Der Begehrlichkeiten sind viele. ... Die Tore öffnen sich, freier Zugang zu allem, was Seligkeit verspricht.*

   a) Die Menschen haben lange gewartet, um ihre Wünsche verwirklichen zu können, doch wenn die Türen geöffnet werden, bekommen sie alles, was sie glücklich macht.

   b) Wenn es viele Möglichkeiten gibt, durch die Türen zu gehen, macht das die Menschen glücklich.

2. *Es kommt zu Handgreiflichkeiten, bei denen auch schon mal eine*r zu Boden geht.*

   a) Manchmal nehmen Leute Dinge in die Hand, die ihnen dann herunterfallen.

   b) Manche Leute schlagen sich und dabei kann es passieren, dass einer umfällt.

3. *Auf der Skala der Enthemmung finden sich Schnäppchenjäger und Shopping-Marathonläufer aus deutschsprachigem Raum noch im unteren bis mittleren Bereich angesiedelt.*

   a) Statistisch lässt sich nachweisen, dass in den deutschsprachigen Ländern wenig Produkte im Jagd- und Sportbereich verkauft werden.

   b) Analysiert man, wie rücksichtsvoll sich Einkäufer am Black Friday benehmen, ist das in den deutschsprachigen Ländern noch ganz passabel.

4. *Allerdings genügt das Aufgebot an überdimensionalen Plakaten mit überwältigenden Rabattversprechungen und marktschreierischen Werbebannern, um einem weniger konsumfreudigen Menschen das Gefühl zu vermitteln, er befände sich in der Vorhölle des Kapitalismus.*

   a) Wer sich am Black Friday nicht begeistert in den Konsumrausch stürzt und das Geschehen eher kritisch sieht, kann den Eindruck gewinnen, es mit schwer erträglichen Auswirkungen des Kapitalismus zu tun zu haben.

   b) Wer sich nicht an den Rabatten und der Werbung orientiert, kann nicht ins Paradies des Kapitalismus kommen.

5. *Muss ich nicht ganz schnell irgendwo klicken, um mir nicht den Rest meines Lebens den Kopf zu zermartern, warum ich nicht heute, jetzt, in dieser Sekunde zugeschlagen habe?*

   a) Die Autorin fragt sich, ob sie nicht durch zu langes Zögern ein außergewöhnlich gutes Angebot verpasst und sich lange darüber ärgern wird.

   b) Die Autorin fühlt sich unter Druck, in ihrem Leben immer ganz schnell entscheiden zu müssen, welche materiellen Dinge sie kaufen will.

6. *Doch in der schützenden Blase des virtuellen Raums gilt diese Entschuldigung nicht. Hier muss ich mich vor meinem schlechten Gewissen rechtfertigen, weshalb ich keine Lust habe, mir verschiedene Objekte umgehend zu „sichern".*

   a) Die Autorin hat ein schlechtes Gewissen, weil sie viel zu selten ihre Dateien im Computer sichert, sondern immer davon ausgeht, dass im virtuellen Raum nichts passieren kann.

   b) Im Internet muss sich die Autorin nicht in einer Menschenmenge bewegen. Wenn sie dennoch die Angebote des Black Friday nicht nutzt, hat sie ein schlechtes Gewissen.

7. *Solche Tage seien jedoch die einzige Chance für sozial Schwache, den Lieben trotz schmalem Budget noch etwas Cooles unter den Weihnachtsbaum legen zu können. Das nun auch noch! Mein schlechtes Gewissen wird unerträglich.*

   a) Die Autorin kann die Vorstellung nicht ertragen, dass arme Leute für Weihnachten auch noch Geld ausgeben müssen.

   b) Die Vorstellung, dass sie unter Verdacht steht, armen Leuten die Rabatte des Black Friday nicht zu gönnen, hält die Autorin kaum aus.

8. *Doch die Erlösung naht: Bald lese ich von Fake-Shops im Internet, von hauptsächlich beworbenen Auslaufmodellen oder Ladenhütern und von Reduzierungen, die sich an der unverbindlichen Preisempfehlung des Herstellers und nicht am Durchschnittspreis der Händler orientieren.*

   a) Die Autorin ist von ihrem schlechten Gewissen befreit, wenn sie liest, dass es am Black Friday viel Betrug gibt, ältere Ware oder Rabatte, die in Wirklichkeit gar nicht so hoch sind.

   b) Die Autorin weiß nun durch Internet-Recherche, was sie von den Waren zu halten hat, die am Black Friday verkauft werden.

9. *Verbraucherschützer warnen vor Impulskäufen, die beim Einkauf auf Rabatt zwar wegen erhöhter Dopaminausschüttung im Gehirn Glücksgefühle bescheren, denen aber unausweichlich der Kater folgt, vergleicht man später die Preise oder erhält seine Kontoauszüge.*

   a) Im Moment des Kaufs lösen Rabatte Glückshormone im Gehirn aus, die aber einem schlechten Gefühl weichen, wenn man entdeckt, dass die Einsparung geringer war als gedacht, und dass man viel zu viel gekauft hat.

   b) Verbraucherschützer warnen vor zu schnellen Käufen von Futter für die Haustiere. Die sind dann zwar glücklich, aber man sollte vorher die Preise vergleichen, um nicht zu viel Geld auszugeben.

10. *Handelt es sich um Onlineshopping, kann es innerhalb von 14 Tagen zurückgeschickt werden. Freilich kommt es spätestens dann zum Kollisionskurs der Fridays: Black Friday gegen Friday-for-future.*

    a) Im Internet gekaufte Dinge kann man einfach zurückschicken und muss sich nicht entscheiden, ob man am Black Friday shoppen oder auf eine Friday-for-future-Demo gehen möchte.

    b) Wenn der Onlinehandel mit all seinen Konsequenzen so überhandnimmt, steht es der Klimaschutz-Bewegung diametral entgegen.

11. *Ich muss weder einen Baseball-Schläger kaufen noch einen Kurs in Selbstverteidigung buchen, um nächstes Jahr meine Weihnachtseinkäufe zu erledigen.*

    a) Für den Shopping-Marathon in Geschäften muss man fit sein, aber zum Glück gibt es ja die Möglichkeit, online einzukaufen.

    b) Die Autorin ist erleichtert, dass sie keine großartigen Rabatte und Sonderangebote versäumt, wenn sie nicht am Black-Friday-Shopping teilnimmt, sondern ihre Weihnachtseinkäufe in Ruhe dann macht, wenn sie möchte.

2 b) Ordnen Sie die folgenden Wörter und Ausdrücke einer passenden Bedeutung zu.

1. die Begehrlichkeit
2. die Seligkeit
3. drängeln
4. kreischen
5. wüst
6. Handgreiflichkeiten
7. die Plünderung
8. Vandalen
9. süffisant
10. die Enthemmung
11. der Schnäppchenjäger
12. marktschreierische Werbebanner
13. die Vorhölle
14. einläuten

a) ungeduldig schieben, sich mit Körperkontakt auf ein Ziel hin bewegen
b) in hoher Stimmlage schreien oder schimpfen
c) tiefes Gefühl von Freude und Glück
d) den Beginn von etwas markieren
e) Tätlichkeit, Auseinandersetzung unter Anwendung von Schlägen
f) wild, unkontrolliert, unanständig, abwertend
g) laut und aufdringlich anpreisende Angebotsplakate
h) heftiger Wunsch, gieriges Verlangen nach etwas
i) überheblich, selbstgefällig
j) alles wird weggenommen, ausgeraubt
k) Ort, der direkt vor der Hölle liegt
l) ursprünglich ostgermanischer Volksstamm, heute eine Bezeichnung für einen Menschen, der mit Absicht etwas zerstört
m) jemand, der immer nach billigen Angeboten sucht
n) von jeglichen ethischen Normen als Kontrollinstanz befreit

1.	2.	3.	4.	5.	6.	7.	8.	9.	10.	11.	12.	13.	14.
h													

1. flimmern
2. sich den Kopf zermartern
3. der Adrenalinspiegel
4. geschuldet sein
5. die Erlösung
6. das Auslaufmodell
7. der Ladenhüter
8. die unverbindliche Preisempfehlung
9. der Impulskauf
10. die Dopaminausschüttung
11. bescheren
12. der Kater
13. der Kollisionskurs

a) Geschenke verteilen, jmd. etwas zuteilwerden lassen
b) Befreiung von einem intensiv wahrgenommenen negativen oder schmerzhaften Zustand
c) unruhig und ein bisschen zitternd leuchten
d) der vom Produzenten vorgeschlagene Verkaufspreis
e) in quälender Intensität über etwas nachdenken
f) männliche Katze, hier: Zustand am Tag nach zu viel Alkoholgenuss
g) der Grund für etwas sein
h) eingeschlagene Richtung, auf der es zu einem Zusammenstoß kommen kann
i) die Menge von einem Hormon im Blut, das bei Gefahr ausgeschüttet wird
j) ein unüberlegter, spontan entschiedener Erwerb
k) eine Ware, von der die letzten Stücke verkauft werden und die nicht mehr produziert wird
l) Glückshormon, das im Gehirn freigesetzt wird
m) Ware, die sich lange nicht verkaufen lässt

1.	2.	3.	4.	5.	6.	7.	8.	9.	10.	11.	12.	13.

2 c) In der Glosse äußert die Journalistin ihre Meinung zu einem aktuellen Thema und verwendet dabei verschiedene Stilmittel wie Ironie, Sarkasmus und Übertreibung. Dadurch wird ein Umstand bis an die Grenzen der Glaubwürdigkeit verfremdet und somit der Lesende herausgefordert, sich eine eigene Meinung zu bilden.

Fassen Sie die konkreten Argumente der Glosse in ca. 200 Wörtern zusammen und schreiben Sie einen sachlichen Bericht.

C3 Alles ist endlich

3 a) Lesen Sie die Buchrezension und ordnen Sie die Überschriften den entsprechenden Abschnitten zu. Zwei der Überschriften passen nicht zum Text.

a) Festgefahren in der Sackgasse?

b) Schon vor einem halben Jahrhundert

c) Einer, stellvertretend für viele

d) Mit gutem Beispiel voran

e) Leben auf Pump

f) Das Recht des Stärkeren

g) Querdenker gesucht

h) Verfechter des „Haben statt Sein" auf dem Rückzug

i) Konzentration auf zukunftsweisende Modelle

j) Heiße Eisen

k) Nicht nur das Bruttoinlandsprodukt ist das Maß aller Dinge!

l) Nationale Interessen beachten

m) In die Veranwortung genommen

1. *b) Schon vor einem halben Jahrhundert*

Eigentlich ist der Großteil seiner Gedanken, die dazu angetan sind, unser Wirtschaften, unser Gesellschaftssystem, ja sogar unsere Weltordnung zu revolutionieren, nicht wirklich neu. Das jüngst erschienene Buch des Zukunftsforschers Professor Jens Hoffenheim „Zukunftstauglich – überlebensfähig" orientiert sich an dem vom Club of Rome in Auftrag gegebenen Werk „Die Grenzen des Wachstums", das bereits 1972 auf dem St. Gallen Symposium vorgestellt wurde. Dieser Ort steht für generationenübergreifende Debatten von internationalem Format zu wirtschaftlichen, politischen und gesellschaftlichen Entwicklungen, benennt Chancen und Herausforderungen unserer Zeit und bemüht sich um Lösungsansätze.

2. ______________________________

Einst war Ausgangspunkt der Studie mit dem englischen Originaltitel „The Limit of Growth" aufzuzeigen, dass jedes individuelle lokale Handeln globale Auswirkungen nach sich zieht, die allerdings nicht dem Zeithorizont und dem Handlungsraum des Einzelnen entsprechen. Konzentriert auf die fünf Hauptpunkte globaler Auswirkung, nämlich Industrialisierung, Bevölkerungswachstum, Unterernährung, Ausbeutung von Rohstoffreserven und Zerstörung von Lebensraum wurden Daten erhoben, Hochrechnungen aufgestellt und mögliche Szenarien beschrieben. Seither wurden die Untersuchungen in einem regelmäßigen 30-Jahre-Update jeweils um neueste Erkenntnisse und Entwicklungen ergänzt, in Teilen auch revidiert. Die Autoren wiesen seinerzeit in der Veröffentlichung aus dem Jahr 2004 nach, dass die Kapazität der Erde Rohstoffe zu liefern und Schadstoffe zu absorbieren bereits 1980 überschritten war. Wie rasant diese Entwicklung zunimmt, ist am Erdüberlastungstag abzulesen, also dem Zeitpunkt im Jahr, an dem die Nachfrage des Menschen die Erholungsmöglichkeiten der Ressourcen übersteigt. Dieser wird immer früher erreicht und bewegt sich weltweit in Richtung Jahreshälfte, in manchen Ländern sogar ins vordere Drittel des Jahres.

3. ______________________________

Umso wichtiger erscheint einem das vorliegende Buch, denn Jens Hoffenheim macht Mut und lässt keine Endzeitstimmung aufkommen. Eingangs lehrt der Autor, Physiker der Universität Cambridge, den Leser zwar auch das Fürchten, doch liegt im Folgenden der Fokus auf Modellen, die marktradikale und wachstumsorientierte Formen des Wirtschaftens ablösen können und in der Folge ökologische Katastrophen unwahrscheinlicher machen.

4. ______________________________

Erfreulich ist, dass bei der Schilderung des Ist-Zustandes nicht endlos Wissen wiedergekäut wird, das der an dieser Thematik interessierte Lesende ohnehin mitbringt. Das einzige Beispiel, das stellvertretend für Fehlentwicklungen auch in anderen Industriezweigen in allen Variationen durchkomponiert wird, betrifft die Bekleidungs- und Textilindustrie in der Erfüllung der Vorgabe „Fast Fashion" durch die Modeindustrie. Verantwortlich für mehr Treibhausgasemission als Fliegen und Schifffahrt zusammen, global gesehen nämlich mehr als fünf Prozent, reichen die schädlichen Auswirkungen neben der Luftverschmutzung in alle Bereiche. Hoffmann benennt den sozialen Aspekt durch die miserablen Arbeitsbedingungen der Produzierenden sowie den ökologisch verheerenden Effekt auf das Wasser. Verschleiß an Grundwasservorräten, Vergiftung des Wassers durch überbordenden Pestizid-Einsatz und Anreicherung von Mikroplastik in den Gewässern durch den überwiegenden Gebrauch von Kunstfasern ziehen unabsehbare Folgen nach sich. Dazu kommt die Umweltbelastung durch zunehmenden Onlinehandel und die stetige Produktion von Abfall. Vierzig Prozent der mehr als 100 Milliarden jährlich produzierten neuen Mode-Teile werden nie verkauft und wandern direkt auf den Müll.

5. ____

Doch soll an dieser Stelle nicht zu viel vorweggenommen werden, denn neben all seinen aufschlussreichen und fundierten Ausführungen, die nachzulesen überaus lohnenswert sind, leitet der Autor hier über zu einem wesentlichen Kapitel, das als grundlegend für seine weitere Gedankenführung gelten kann. Professor Hoffenheim stellt die Forderung auf, dass abseits von Überfluss und Verschwendung Wohlstandsmodelle entworfen werden müssen, die tragfähig für alle Staaten dieser Welt sind. Als unabdingbar notwendig, wenn auch mit Schwierigkeiten „kopernikanischen Ausmaßes" verbunden, die bei einem Umdenken und mehr noch einer Umgestaltung bewältigt werden müssen, wiesen dies bereits die Autoren des zuvor erwähnten Buches aus den 70er Jahren aus. Hoffenheim kritisiert, dass ungeachtet dessen der Wohlstand eines Landes weiterhin einzig am Wachstum des Bruttoinlandsprodukts gemessen wird. Nicht beachtet werden dagegen den Wohlstand und die Lebensqualität einschränkende Faktoren wie Ressourcenverbrauch und Umweltbelastung, noch auf der anderen Seite die natürlichen Reichtümer wie funktionierende Ökosysteme und Biodiversität. Hoffmanns Forderung: Auch die Faktoren Bildung, Gesundheit, sozialer Zusammenhalt und Gerechtigkeit sollten im Sinne eines Sozialkapitals erfasst werden, um ein realistisches Bild zu gewinnen und die Fixierung auf rein quantitatives Wachstum aufzugeben.

6. ____

Wie sehr diese Gedanken bereits in unserer Gesellschaft angekommen sind, macht Hoffenheim an trendy Bewegungen wie DIY, Zero Waste, Upcycling, Minimalismus und – hier ist Hoffenheim wieder bei der Modeindustrie – „Slow Fashion" fest. Seiner Ansicht nach ist es gerade die jüngere Generation, die zunehmend andere Werte verfolgt, die lieber gut lebt als viel hat und auch noch gerne teilt. Erfolgskonzepte wie private Unterkünfte, Car Sharing, Kreislaufwirtschaft und andere bestätigen dies.

Aber zeichnet sich hier wirklich eine Abkehr vom Eigentum ab, eine Bevorzugung von Lebensqualität gegenüber Lebensstandard? Noch nicht, meint Hoffenheim, da der Großteil der Bevölkerung zwischen Angst und Bequemlichkeit schwankt, allerdings weisen diese Schritte eine Bewegung in die richtige Richtung auf. Dass die Probleme der Welt seit einigen Jahren spürbar vor den Türen der Industrienationen landen, aus vielfältigen Gründen, doch nicht zuletzt auch einer zunehmend tieferen Kluft zwischen arm und reich geschuldet, bringt viele zum Nachdenken. Eine neue Kultur des Helfens hat sich herausgebildet, die nicht nur ein Ausdruck von Nächstenliebe ist, sondern eher ein Zusammenrücken in Krisenzeiten.

7. ____

Professor Hoffenheim schildert vor diesem Hintergrund einer sich allmählich wandelnden Gesellschaft das alternative Wirtschaftsmodell der Gemeinwohl-Ökonomie (GWÖ). Zentrale Werte wie Menschenwürde, Solidarität, ökologische Nachhaltigkeit, soziale Gerechtigkeit sowie demokratische Mitbestimmung und Transparenz zeichnen diese seit Jahren international an Bedeutung gewinnende gesellschaftliche Bewegung aus. Gewinnerzielung soll nicht zum Selbstzweck verkommen, sondern dem Gemeinwohl dienen, im Sinne einer gerechten Verteilung von Einkommen, Vermögen und Macht und unter Beachtung ökologischer Verantwortung. Derartig handelnde Unternehmen würden sich, laut Hoffenheim, steigender Attraktivität erfreuen, sowohl bei Konsumenten als auch bei Mitarbeitern. Er rundet die Darstellung mit einer Beschreibung einiger GWÖ-Unternehmen ab, die bereits seit Jahren erfolgreich am Markt sind.

8. ____

Auch die Schilderung von „Corporate Citizenship“ zeigt, wohin der Kurs gehen muss: Diese Unternehmen, die sich die sogenannte „Unternehmensbürgerschaft“ auf die Fahnen geschrieben haben, engagieren sich über das Kerngeschäft hinaus in verschiedenen Bereichen, vernetzen sich mit gemeinnützigen Organisationen, haben gegenseitige Beratung und Unterstützung zum Ziel und übernehmen gesellschaftliche Verantwortung.

9. ____

Im Folgenden setzt sich der Autor mit einigen Forderungen auseinander, die im Bericht an den Club of Rome im Jahre 2016 aufgestellt wurden, beleuchtet Umsetzbarkeit, mögliche Konsequenzen und Stand der Diskussion in Politik und Gesellschaft. Dabei kommen kontrovers behandelte Themen wie Arbeitszeitverkürzung, Renteneintrittsalter, bedingungsloses Grundeinkommen, Handelsbeschränkungen und Besteuerung von Luxusgütern zur Sprache. Ausführlich widmet sich Hoffenheim der aus seiner Sicht unabdingbar notwendigen weltweiten Geburtenkontrolle, distanziert sich aber deutlich von repressiven Ansätzen.

10. ______________________________

Das Buch endet mit dem Aufruf zu Kreativität, Innovation und Initiative, bis hin zu jedem Einzelnen. Professor Hoffenheim warnt davor, Lösungsansätze vorschnell als Traumtänzerei abzutun, denn wie Hermann Hesse sagt, müsse man das Unmögliche fordern, um das Mögliche zu erreichen.

11. ______________________________

Alles in allem ein empfehlenswertes Buch. Doch allein dadurch, dass verschiedene Ansätze und Faktoren, gleichwohl bekannt, zusammengefasst werden, wird dem Lesenden vor Augen geführt, wie viel Zeit bereits ohne nennenswerte Veränderungen verstrichen ist. Diese Erkenntnis ist das eigentlich Erschreckende bei der Lektüre und zeigt einmal mehr, wie dringend die aufgezeigten Lösungsansätze verfolgt werden sollten.

3 b) Fügen Sie das passende Wort aus dem jeweiligen Abschnitt ein.

1. geeignet für kommende Entwicklungen: *zukunftstauglich*
2. a) nur von geliehenem Geld leben: ______________________________

   b) der Tag im Jahr, an dem die menschliche Nachfrage die Kapazität des Planeten an nachwachsenden Ressourcen übersteigt: ______________________________
3. abwertende Bezeichnung für eine wirtschaftsliberale Position: ______________________________
4. a) etwas immer wieder aufs Neue vorbringen: ______________________________

   b) vernichtende Inanspruchnahme: ______________________________

   c) übertrieben, übermäßig, ausufernd: ______________________________

   d) Ansammlung, Zuwachs: ______________________________
5. a) fern, weit weg: ______________________________

   b) stabil, solide, belastbar: ______________________________

   c) revolutionäres und folgenreiches Umdenken in einer Größenordnung wie einst die Abwendung vom geozentrischen Weltbild: ______________________________

   d) Gesamtwert aller während eines Jahres in einer Volkswirtschaft hergestellten Güter: ______________________________
6. a) Kämpfer, Anhänger, Verteidiger: ______________________________

   b) tiefer Riss, scharfer Gegensatz: ______________________________

7. das Wohlergehen eines jeden Einzelnen innerhalb eines Sozialgefüges: ______________________

8. wichtigste Einnahmequelle: ______________________

9. a) konfliktgeladenes Thema, explosiver Diskussionsstoff: ______________________

   b) Realisierbarkeit, Machbarkeit: ______________________

10. a) jemand, der anders denkt als die Masse; Rebell: ______________________

    b) wirklichkeitsfremde Vorhaben, unrealistische Pläne: ______________________

3 c) Formen Sie den unterstrichenen Satzteil um, indem Sie den Ausdruck in Klammern unverändert einsetzen.

1. Einst war Ausgangspunkt der Studie mit dem englischen Originaltitel „The Limit of Growth" aufzuzeigen, dass jedes individuelle lokale Handeln globale Auswirkungen nach sich zieht, ... (ging aus)

   Einst ging die Studie mit dem englischen Originaltitel „The Limit of Growth" davon aus, dass ...

2. Wie rasant diese Entwicklung zunimmt, ist am Erdüberlastungstag abzulesen. (Zunahme)

   ____

   ____

3. Das einzige Beispiel, das stellvertretend für Fehlentwicklungen auch in anderen Industriezweigen in allen Variationen durchkomponiert wird, betrifft ... (Stellvertreter)

   ____

   ____

4. ..., betrifft die Bekleidungs- und Textilindustrie in der Erfüllung der Vorgabe ‚Fast Fashion' durch die Modeindustrie. (erfüllt)

   ____

   ____

5. Dazu kommt die Umweltbelastung durch zunehmenden Online-Handel und die stetige Produktion von Müll. (belastet)

   ____

   ____

6. ..., dass abseits von Überfluss und Verschwendung Wohlstandsmodelle entworfen werden müssen, die tragfähig für alle Staaten dieser Welt sind. (Entwurf)

7. ..., dass ungeachtet dessen der Wohlstand eines Landes weiterhin einzig am Wachstum des Bruttoinlandsprodukts gemessen wird. (Maß)

8. Professor Hoffenheim schildert vor diesem Hintergrund einer sich allmählich wandelnden Gesellschaft das alternative Wirtschaftsmodell der Gemeinwohl-Ökonomie. (Wandel)

9. Derartig handelnde Unternehmen würden sich, laut Hoffenheim, steigender Attraktivität erfreuen, sowohl bei Konsumenten als auch bei Mitarbeitern. (attraktiv)

10. Dabei kommen kontrovers behandelte Themen wie Arbeitszeitverkürzung, Renteneintrittsalter, bedingungsloses Grundeinkommen, Handelsbeschränkungen und Besteuerung von Luxusgütern zur Sprache. (diskutiert)

11. Dabei kommen kontrovers behandelte Themen wie Arbeitszeitverkürzung, ... von Luxusgütern zur Sprache. (erörtert)

12. ..., wird dem Lesenden vor Augen geführt, wieviel Zeit bereits ohne nennenswerte Veränderungen verstrichen ist. (aufmerksam)

3 d) Lesen Sie den Kommentar zu der Buchrezension und ergänzen Sie die Wörter aus dem Schüttelkasten. Achten Sie auf die korrekte Form.

aufstellen • führen • festmachen • liefern • ~~zustimmen~~ • überschreiten • teilen • ziehen • bewältigen • erheben • fehlen • verbinden • absorbieren • erfreuen • verstreichen • beschreiben • wandern • übernehmen

Nach der Lektüre des Buches „Zukunftstauglich – überlebensfähig" kann ich der überwiegend positiven Rezension in Ihrem Magazin nicht *zustimmen* (1). Die Konsequenzen, die unser Lebensstil besonders in den Industriestaaten nach sich ________________ (2), sind hinlänglich bekannt. Dass unser Planet nicht unendlich Rohstoffe ________________ (3) und Schadstoffe ________________ (4) kann, ist auch keine Neuigkeit. Mehr als aussagekräftige Daten wurden etliche Male ________________ (5), Hochrechnungen ________________ (6) und Szenarien ________________ (7), was aber immer noch ________________ (8), sind konkrete Handlungsanweisungen von Seiten der Wissenschaftler. Es muss jegliche Akzeptanz ________________ (9), wenn neuwertige Produkte auf den Müll ________________ (10), und umgehend geahndet werden. Den Optimismus, den Hoffenheim an kürzlich entstandenen Öko-Bewegungen ________________ (11), kann ich nicht ________________ (12). Meines Erachtens ist das vielfach ein neuer Modetrend, der sich zwar einer gewissen Attraktivität ________________ (13), aber auch wieder verebbt, wenn wirkliche Schwierigkeiten ________________ (14) werden müssen, ________________ (15) mit einer Umgestaltung unserer Wohlstandgesellschaft. Durch eine Einschränkung ihres Lebensstils wirklich gesellschaftliche Verantwortung ________________ (16) wollen doch die wenigsten, seien wir ehrlich. Inzwischen ________________ (17) wertvolle Zeit – das wenigstens hat uns Jens Hoffenheim deutlich vor Augen ________________ (18).

3 e) Schreiben Sie zu der Buchrezension auch einen Kommentar von ca. 300 bis 350 Wörtern, in dem Sie sich auf die drei folgenden Standpunkte beziehen. Bemühen Sie sich, dabei diejenigen Wörter zu benutzen, die neu für Sie waren.

Unendliches Wachstum ist nicht möglich, da die Kapazitäten der Erde Grenzen haben.

Die Innovationskraft menschlichen Erfindungsgeistes ist noch längst nicht am Ende und wird der Menschheit ein Leben in Wohlstand erhalten.

Innerhalb geeigneter politischer Rahmenbedingungen gehört Unternehmen die Zukunft, die sich in gesellschaftlicher Verantwortung sehen.

D

D Sprache

D1 Redselige Gedanken

1 a) Lesen Sie das Interview in der Zeitschrift „Europa denken" (= E. d.) mit Anne Lauenstein (= A. L.), Professorin für Psycholinguistik und Sprachdiversität von der Freien Universität Bamberg, und fügen Sie die passenden Sätze bzw. Fragen von Seite 89 in die Lücken ein.

E. d.: Heute ist der 26. September. Was läge näher, als an dem Tag, an dem in der EU der „Europäische Tag der Sprachen" gefeiert wird, den Blick auf Sprachdiversität und ihre Bedeutung für die Welt, respektive für Europa, zu richten? In der EU gibt es 23 Amtssprachen, über 100 weitere Minderheitensprachen sind anerkannt. Englisch ist mit 51 % die meistgesprochene Sprache, gefolgt von Deutsch mit 32 % und Französisch mit 28 %. Wäre es im Sinne eines einheitlichen europäischen Raumes und gemeinsamen Handelns nicht sinnvoll und in vielerlei Hinsicht zielführender, eine Einigung auf eine Sprache voranzutreiben?

A. L.: (1) *c) Betrachten wir die geschichtliche Entwicklung Europas, so wird deutlich, dass es selbstverständlich schon lange eine Lingua Franca gegeben hat, um Kommunikation, Handel und Reisen zwischen verschiedensprachigen Gebieten zu erleichtern.* Das war anfänglich Latein, dann ab Mitte des 17. Jahrhunderts Französisch und schließlich seit dem Ende des Ersten Weltkriegs Englisch. Allerdings ist es gerade Ziel der EU, zwar all die verschiedenen Kulturen zu integrieren und damit das friedliche Zusammenleben zu fördern, aber auch, diese Vielfalt in Einigkeit zu bewahren. Deutlichster Ausdruck von Identität und Kultur ist die Sprache, weshalb innerhalb der EU ein großer bürokratischer und finanzieller Aufwand betrieben wird, um nicht nur EU-Direktiven in der jeweiligen Landessprache vorliegen zu lassen, sondern auch, um jedem Abgeordneten die Freiheit einzuräumen, in der Sprache seiner Wahl zu sprechen. Kurz gesagt, gerade die Diversität ist das, was Europa auszeichnet.

E. d.: Wie Sie soeben erwähnten, ist Englisch seit etwa 100 Jahren Lingua Franca in Europa und weiten Teilen der Welt. Für Sprecher der indogermanischen Sprachfamilie ist Englisch leicht zu erlernen, allerdings gehören zu Europa auch noch Turksprachen, die finno-ugrische und die baskische Sprachfamilie. Wäre es nicht eine Frage der Fairness, auch, um dem Vorwurf der Diskriminierung zu entgehen, auf eine Kunstsprache wie Esperanto, Syntaflake oder Interlingua auszuweichen?

A. L.: (2) ____________________

____

____________________ Dennoch gibt es einen Grund

dafür, weshalb zum Beispiel Esperanto nicht schon längst einen Siegeszug über die ganze Welt angetreten hat – immerhin wurde es bereits Ende des 19. Jahrhunderts erfunden. Sprache ist eben nicht nur ein Werkzeug, das eindeutige Informationen transportiert. Vielmehr ist sie Ausdruck der Verschiedenheit des Denkens, wie bereits Wilhelm von Humboldt feststellte. Gerade durch die Vielfalt an Sprachen wird interkultureller Reichtum gewonnen und werden fremde Ideen vertraut. Wenn Sie so wollen, ist die Einbeziehung verschiedener Sprachen ein erster Schritt zur Erweiterung des Horizonts, indem man sich mit unterschiedlicher Sicht auf die Welt auseinandersetzt. (3) ____________________

____

____

____

Mit dem European Language Label werden außerdem alljährlich die innovativsten Sprachlernprojekte der Teilnahme-Länder ausgezeichnet, sowohl Einzelprojekte als auch einzelne Lernende für großartige sprachliche Fortschritte oder besonders engagierte Sprachlehrende.

E. d.: Und doch ist weltweit ein Rückgang an Sprachenvielfalt zu verzeichnen. Von den geschätzt 7000 Sprachen sollen sogar bis zum Jahre 2100 rund die Hälfte ausgestorben sein, wie auch in den letzten 500 Jahren die Hälfte der bekannten Sprachen der Erde ausgestorben sind. Wie kann das sein, wenn doch Forschung, Wissenschaft und Politik sich darin einig sind, wie wichtig der Erhalt von Sprache als kulturelles Erbe und kultureller Reichtum ist?

A. L.: (4) ____________________

____

Tatsächlich nimmt man an, dass das 10. Jahrtausend vor Christus einen Höhepunkt an Sprachdiversität erlebte. Jedes Mal jedoch, wenn die Menschen, die eine Sprache verwendeten, entweder durch Stammeskämpfe ausgelöscht wurden oder sich an einen anderen Stamm und seine Sprache assimilierten, verschwand ihre eigene Sprache. Mit der Expansion des Römischen Reiches in Europa verbreitete sich das Lateinische und verdrängte andere Sprachen, die Kolonialmacht Spanien verdrängte die indigenen Sprachen Südamerikas und dasselbe Schicksal erlitten all die Sprachen all der Länder, die Ziel der europäischen Kolonialisierung waren. Hieran kann man sehen, wie hochpolitisch dieser Vorgang ist: Diese Erkenntnis führt zu dem parallel zum Genozid gebildeten Ausdruck des Linguizids.

E. d.: (5) ____________________

____

A. L.: Richtig. Durch verfassungsmäßige oder institutionelle Maßnahmen soll erreicht werden, dass eine Sprache nicht mehr verwendet wird. Auch bereits die mangelnde Unterstützung für eine Minderheit, ihre Sprache an ihre Kinder weitergeben zu können, wird innerhalb der Sprachwissenschaft als verdeckter Linguizid bezeichnet

(6) ______________________________

____

____

____

Die Sprache wird aus der Öffentlichkeit verbannt, aus Verwaltung, Schulen und Medien, um diese Sprechergruppe zu unterdrücken und ihre Assimilierung zu forcieren, mit dem Ziel einer Einheitlichkeit in einem Nationalstaat. So gesehen muss der Linguizid als eine Form des Ethnozids betrachtet werden.

E. d.: (7) ______________________________

____

A. L.: Durch die Repressalien der sprachlichen Ausdrucksform gegenüber gehen auch immanente Konzepte von Sichtweisen auf die Welt unter sowie traditionelles Wissen über Medizin, Pflanzen, Tiere oder unsere gesamte Umwelt. Der Verlust an kulturellem Erbe wie Geschichten, Mythen, Lyrik, Lieder und so weiter ist unwiederbringlich, zumal wenn es sich um Sprachen oder auch Dialekte, die ich hier dazunehmen möchte, handelt, die nicht oder kaum schriftlich niedergelegt wurden.

E. d.: Sehe ich es richtig, dass dieser Schwund an Datengrundlagen auch die Forschung erschwert?

A. L.: (8) ______________________________

____

____

Denn gerade die sprachliche Erforschung kleiner und kulturell weit entfernter Ethnien bringt die erstaunlichsten Ergebnisse. So konnte nachgewiesen werden, dass Menschen, die Sprachen mit absoluten Richtungsangaben verwenden, sich sogar in unbekannten Gegenden oder Gebäuden hervorragend orientieren können, sogar schneller als dort ansässige Menschen. Der Grund dafür ist ihre Sprache. Ein Stamm von Aborigines in Nordaustralien benutzt zum Beispiel für Richtungsangaben grundsätzlich die Himmelsrichtungen. Andere Lokalangaben kennt ihre Sprache nicht, deshalb ist in ihrem Kopf ständig eine Art Kompass tätig. Alle haben von klein auf dieses Konzept verinnerlicht und denken somit grundsätzlich anders über das Konzept „Raum“ als beispielsweise deutsche Muttersprachler*innen, die lange überlegen müssten, um überhaupt eine Himmelsrichtung angeben zu können. Zumal es uns nie einfiele zu sagen: „Mein Geldbeutel liegt südlich von der Tischlampe.", oder „Setz dich bitte westlich vom Schreibtisch."

E. d.: Kann man daraus folgern, dass auch das Konzept „Zeit" abhängig von der Sprache unterschiedlich ist?

A. L.: Natürlich. (9) ____

____

Zeitabläufe werden oft an der Schreibrichtung der Sprache orientiert, bei den eben erwähnten Aborigines wiederum an den Himmelsrichtungen, jeweils dem Lauf der Sonne folgend, also abhängig von der Position des Sprechers. Auch auf die Lernfähigkeit hat die Sprache einen Einfluss: Chinesischen Kindern gelingt es viel schneller, mit dem Dezimalsystem umzugehen, weil die Zahlwörter eingängiger aufgebaut sind als in so manchen anderen Sprachen.

E. d.: (10) ____

____

Könnte es nicht auch umgekehrt sein?

A. L.: Beides trifft zu. Sprache entsteht, wenn es bestimmte Notwendigkeiten des Lebensumfelds gibt, also eine Sicht der Welt ihren sprachlichen Ausdruck sucht. Doch das Spannende ist eben gerade der Umkehrschluss. Es gibt Untersuchungen, dass Menschen Bilder anders wahrzunehmen beginnen, wenn man ihnen Wörter für feinere Farbnuancen lehrt. Und wenn Menschen andere sprachliche Strukturen lernen, die sich auf die Wahrnehmung von Zeit beziehen, beginnen sie auch anders darüber zu denken.

E. d.: Wie ist das bei Bilingualen?

A. L.: (11) ____

____

____

Es gibt einen Versuch, dessen Ergebnis besagt, dass Zweisprachler, je nach Sprache, in der sie befragt werden, auch die dazugehörigen unwillkürlichen oder automatischen Voreingenommenheiten zeigen. Denkt man das weiter, wird klar, dass unser Weltbild davon abhängen könnte, wie viele und welche Sprachen wir beherrschen. Im Geist sind nachweislich alle Sprachkonzepte aktiv, die beherrscht werden, betrachtet man die Umwelt oder macht sich Gedanken über die Welt. Das zeigt, wie bereichernd verschiedene Sprachen für unser Leben sein können.

E. d.: (12) ____

____

A. L.: Wenn man zum Beispiel Zeugenaussagen betrachtet, führt die Sprache, in der die Aussage getätigt wird, zu unterschiedlichen Nuancen. Das Spanische und Japanische zum Beispiel benennt Verursacher in der Regel nicht, sondern konzentriert sich mehr auf das Ergebnis oder die Begleitumstände, während im Englischen immer die Person benannt wird, die etwas getan hat. Im Englischen existiert außerdem die Verlaufsform, im Deutschen nicht. Deshalb fokussieren sich Englischsprachige eher auf das, was gerade passiert, während Deutsche entweder einen Anfangs- oder Endpunkt benennen oder ein Ziel angeben würden – schlicht mangels einer Verbform.

E. d.: Das legt den Gedanken nahe, dass Sprache auch auf die Denkkonzepte der Gesellschaft wirkt. Ist in diesem Zusammenhang auch die Diskussion um den Genderstern (z.B. Muttersprachler*innen) zu sehen?

A. L.: (13) ____

____

____

In verschiedenen Versuchsreihen wurde eindeutig bewiesen, wie sehr allein der Artikel assoziierte Bilder beeinflusst. *Brücken* beispielsweise sind im Deutschen weiblich, aber im Spanischen männlich. Bei einem Test befragte Deutsche assoziierten zu dem Wort *Brücke* Adjektive wie elegant, schön, friedvoll, während sie von Spaniern als gewaltig und stark bezeichnet wurden. Die Sprache muss dieser Entwicklung Rechnung tragen. Das im Deutschen übliche „generische" Maskulin ist nach zahlreichen wissenschaftlichen Studien tatsächlich keine Lösung, bei der Frauen psychologisch und gesellschaftlich „mitgemeint" werden. Anfangs mag das als sperrig empfunden werden, doch Sprache ist lebendig und entwickelt sich weiter, sonst würden wir heute noch sprechen wie vor 200 Jahren. Übrigens haben Sie hier ein Beispiel dafür, wie verändertes Denken auch Auswirkungen auf die Sprache hat.

E. d.: Dann kann ich als Fazit festhalten, dass es bei erwachsenen Menschen kaum Denkprozesse geben dürfte, bei denen die Sprache keine Rolle spielt.

(14) ____

____

____

A. L.: Dem kann ich nur beipflichten.

a) Selbstverständlich, denn veränderte gesellschaftliche Bedingungen müssen sich auch in einer sprachlichen Weiterentwicklung abbilden.

b) Der Verlust einer jeden Sprache, und ist die Gemeinde der Sprecher noch so klein, ist für die Sprachwissenschaft eine herbe Enttäuschung.

c) Betrachten wir die geschichtliche Entwicklung Europas, so wird deutlich, dass es selbstverständlich schon lange eine Lingua Franca gegeben hat, um Kommunikation, Handel und Reisen zwischen verschiedensprachigen Gebieten zu erleichtern.

d) Dahinter stehen massive politische Interessen, nämlich die kulturelle, ethnische und sozioökonomische Unabhängigkeit einer Sprachgruppe vernichten zu wollen.

e) Die ändern nachweislich ihre Einstellung, je nachdem, in welcher Sprache sie sprechen.

f) Insofern sollten wir die Vielzahl an Sprachen als Bereicherung empfinden, aber im Umkehrschluss auch achtsam mit Sprache umgehen.

g) Dem trägt der EU-Beschluss von 2002 Rechnung, der besagt, dass alle Jugendlichen in Europa mindestens zwei weitere Sprachen lernen sollten.

h) Aber woher weiß man, dass die Sprache das Denken beeinflusst?

i) Was bedeutet das für das Leben dieser Ethnie?

j) Der Vorteil dieser Konstrukte liegt in der leichten Erlernbarkeit sowie in Neutralität und Einheitlichkeit.

k) Was für Auswirkungen könnte das konkret haben?

l) Also der gewollte oder bewusst in Kauf genommene Sprachentod?

m) Dieser Prozess des Sprachensterbens kann bereits über Jahrtausende verfolgt werden.

n) Sprachliche Strukturen prägen unsere Wahrnehmung der Welt und somit letztendlich unser Denken, und zwar tatsächlich in ungeahntem Ausmaß.

1 b) Ordnen Sie jeweils die richtige Definition zu.

1. Einigung
2. Einheitlichkeit
3. Einstellung
4. Einigkeit
5. Einheit

a) von einer Beschaffenheit, Gleichheit
b) ein Ganzes, Untrennbares
c) Übereinstimmung, zu einem gemeinsamen Beschluss kommen
d) Zusammengehörigkeitsgefühl, Zusammenhalt
e) Innere Haltung zu etwas, Denkart

1.	2.	3.	4.	5.
c				

1. Auswirkung
2. Ausdruck
3. Ausmaß
4. Aussage

a) Kennzeichen, Äußerung, Mimik, Begriff
b) Feststellung, kurzer Bericht, Mitteilung
c) Folge, Effekt
d) Umfang, Ausdehnung

1.	2.	3.	4.

1. verschieden
2. vielfältig
3. zahlreich

a) viel, in großer Menge
b) mehrere, manche, diverse; von anderer Art
c) reichhaltig, von vielen verschiedenen Arten

1.	2.	3.

1 c) Ordnen Sie jeweils das richtige Verb zu.

1. einen Siegeszug — a) einräumen
2. einen großen Aufwand — b) erleiden
3. in Kauf — c) nehmen
4. Rechnung — d) betreiben
5. ein Schicksal — e) antreten
6. die Freiheit — f) tragen

1.	2.	3.	4.	5.	6.
e					

1 d) Definieren Sie das Adjektiv „redselig“ mithilfe eines Online-Wörterbuchs, und erklären Sie dann in ca. 80 bis 100 Wörtern, weshalb das Interview die Überschrift „Redselige Gedanken“ trägt.

1 e) Welche sieben Hauptpunkte werden in dem Interview angesprochen? Was für Kurzüberschriften würden Sie diesen Hauptpunkten geben?

1. *Sprachdiversität in der Europäischen Union*
2. ______
3. ______
4. ______
5. ______
6. ______
7. ______

1 f) Wählen Sie einen der Schwerpunkte. Fassen Sie zuerst zusammen, was in dem Interview dazu gesagt wird, und kommentieren Sie dies in der Folge in ca. 250 Wörtern.

D2 Wie bitte?

2 a) Lesen Sie den Kommentar aus einer Tageszeitung.

Vielleicht haben Sie kürzlich ein Haus erworben. Daraufhin könnte Ihnen ein Schreiben der zuständigen Gemeinde auf den Schreibtisch geflattert sein, in dem Sie den Satz lasen: „Im Bereich des Mischparkens ist gebührenfreies Parken sowie Parken auf Begleitgrün untersagt." Außerdem sei die „fußläufige Anwegung die nicht lebende Einfriedung entlang von Spontanvegetation freizuhalten".

Bevor Sie nun in einer Anwandlung sicherlich löblicher, in diesem Fall aber überflüssiger Selbstkritik fieberhaft nach dem nächsten Deutschkurs-Angebot auf C2-Niveau suchen, lassen Sie sich sagen: Es wird Ihnen gar nichts bringen. Ob mit oder ohne Deutschkurs, Sie werden bei den meisten offiziellen Schreiben weiterhin nur Bahnhof verstehen, und da geht es Ihnen keinen Deut besser als den meisten Muttersprachlern – die ausgenommen, die sich selbst aufgrund beruflicher Ausrichtung solch verschwurbelter und gestelzter Sprache bedienen.

Eigentlich hatte man Ihnen lediglich mitteilen wollen, dass in Ihrem Wohnbereich das Parken kostenpflichtig sei und Sie nicht auf dem Rasenstück am Straßenrand parken dürften. Außerdem müssten Sie auf dem Fußweg, der von der Straße zu Ihrem Haus führt, am Zaun entlang Unkraut jäten.

Doch auch in anderem Kontext begegnet einem eine Sprache, die zu einem Gefühlscocktail von Verwirrung, Hilflosigkeit, Verzweiflung und ohnmächtiger Wut führt.

Weshalb denn nur kann man „Oberflächenwasser" nicht schlicht als Regen bezeichnen? Weshalb soll ein Baum „raumübergreifendes Großgrün" sein? Und warum wird von einer „forstwirtschaftlichen Nutzfläche mit Wildtierbestand" gesprochen, anstatt von einem Wald mit Tieren?

Der Verdacht liegt nahe, dass Verwaltung und Behörden gar nicht auf Anhieb verstanden werden wollen. Und tatsächlich fußt diese abgehobene Sprache auf der historischen Rolle der Verwaltungsmitarbeiter als Repräsentanten des jeweiligen Landesfürsten. Im 17. Jahrhundert wurde als Verwaltungssprache ausschließlich Latein verwendet und war somit nur den Gebildeten verständlich. Aber auch nach der lateinischen Phase sollten Gesetzestexte, Erlasse und Formulare Eindruck machen, wenn nicht sogar einschüchtern, um unmissverständlich Hierarchien zu verdeutlichen. Dazu kommt der Anspruch von Kompaktheit und vermeintlicher Genauigkeit, um juristisch einwandfrei und folglich unanfechtbar zu formulieren.

In der Konsequenz ist das sogenannte Juristenlatein umständlich, verschachtelt und strotzt von Wortungetümen. Ein besonders schönes Beispiel möchte ich Ihnen nicht vorenthalten – und Vorsicht! Vergessen Sie nicht zu atmen!

Das Rindfleischetikettierungsüberwachungsaufgabenübertragungsgesetz wurde im Jahre 2000 erlassen und trat 2013 bedauerlicherweise wieder außer Kraft – soll heißen: wurde abgeschafft. Dabei handelte es sich um ein Gesetz zur Übertragung der Aufgaben für die Überwachung der Rinderkennzeichnung und Rindfleischetikettierung. Dieser Versuch der Entschlüsselung ist nun auch von dem Postulat „klar, einfach und eingängig" noch relativ weit entfernt, aber wenigstens ansatzweise verständlich.

In dieser Endlos-Reihung gibt es tatsächlich noch das eigentlich grammatikalisch korrekte Fugen-s, das vielfach zur weiteren Beförderung einer hölzernen und ungelenken Ausdrucksweise verschwunden ist. Im Auto haben Sie nämlich einen Verbandkasten, alljährlich liefern Sie die Einkommensteuererklärung ab und mitunter müssen Sie Ihrer Versicherung einen Schadenfall melden. Aus grammatischer Perspektive ist darüber hinaus ein nahezu vollständiges Aussterben der Verben zu beklagen, verdrängt von einer ausufernden Anzahl an Nominalisierungen und Substantivketten wie das Rindfl... Keine Angst, ich verschone Sie! Sollten es tatsächlich einige Verben geschafft haben, zu überleben, finden sie sich hauptsächlich in Passivkonstruktionen wieder, was zuweilen erschwert, den eigentlichen Urheber einer Situation ausfindig zu machen: „Um Rückantwort wird gebeten."

Um „Amtssprech" auf den Arm zu nehmen, schrieb Hans Bayer 1953 unter dem Pseudonym Thaddäus Troll das Märchen vom Rotkäppchen in übliche Bürokratensprache um. Eigentlich erzählt das Märchen von einem kleinen Mädchen, das im Dorf Rotkäppchen genannt wurde, weil es immer eine rote Mütze trug. Es ging durch den Wald zur kranken Großmutter, um ihr Kuchen und Wein zu bringen. Soweit die Brüder Grimm.

In Beamtensprache ist „Im Kinderanfall unserer Stadtgemeinde ... eine hierorts wohnhafte, noch unbeschulte Minderjährige aktenkundig, welche durch ihre unübliche Kopfbekleidung gewohnheitsmäßig Rotkäppchen genannt zu werden pflegt." Das Mädchen wird von der Mutter auf „Krankheit und Pflegebedürftigkeit" der Großmutter hingewiesen, woraufhin es sich auf den Weg macht, um dieser „eine Sendung von Nahrungs- und Genußmitteln zu Genesungszwecken zuzustellen".

Was hier amüsiert, weil man sich so unglaublich trockener und spröder Sprache bedient, wird im täglichen Leben zum Stolperstein für Muttersprachler und Nicht-Muttersprachler, und ist nicht zuletzt auch ein ernstzunehmender Hinderungsgrund für ausländische Unternehmensgründungen auf deutschem Boden.

Doch es gibt einen Lichtstreif am trüben Behördenhimmel. Die „Gesellschaft für verständliche Sprache", die sich aus einem Forschungsprojekt der Ruhr-Universität Bochum entwickelt hat, gibt Schulungen für Behörden und berät Firmen, Texte in verständlichem Deutsch zu formulieren. Auch in der Regierung ist das Problem der unverständlichen Sprache inzwischen angekommen: Seit 2009 beschäftigen sich Redaktionsstäbe im Justizministerium und im Bundestag damit, Gesetze verständlich und dennoch rechtssicher zu formulieren. Denn bei allem Unwillen sperrigen Begriffen gegenüber ist es doch bisweilen notwendig, feine Unterschiede herauszuheben. So ist eben eine Fahrerlaubnis nicht mit einem Führerschein gleichzusetzen, denn wenn ich die Fahrerlaubnis verliere, nutzt mir auch mein Führerschein nichts mehr, während ich mir im umgekehrten Fall einfach einen neuen ausstellen lasse.

Die juristische Fachsprache hält noch weitere Fallen bereit und ist deshalb für den Laien meist völlig unverständlich. Der ganze Berufsstand der Rechtsanwälte lebt davon, quasi als Übersetzer zu fungieren, respektive selbst Sachverhalte so zu verklausulieren, dass sie wiederum nur der Anwalt der gegnerischen Partei entschlüsseln kann. Begriffe führen geradezu in die Irre, da sie einem aus der Alltagssprache bekannt vorkommen, in juristischem Kontext jedoch mit ganz anderen Bedeutungen versehen sind: „Regelmäßig“ heißt hier nicht „in gleichförmigen Zeitabständen wiederkehrend“, sondern „im Sinne der Regel“, also ohne Ausnahmen. Wird im Alltag etwas „unverzüglich“ erledigt, so heißt das „sofort“, während ein Jurist lediglich sagen möchte, dass etwas „ohne schuldhafte Verzögerung“ geschehen sollte, durchaus aber in einem Zeitraum einiger Tage. Auch „billig“ ist nicht „preiswert“, sondern als „angemessen“ zu verstehen, und „tatsächlich“ meint nicht „wirklich“ oder „eigentlich“, sondern, dass ein Umstand auf bestimmten Tatsachen beruht.

In seiner ursprünglichen Fassung stammt das Bürgerliche Gesetzbuch aus dem Jahre 1898. Auch wenn ständig Änderungen vorgenommen wurden und werden, sollte einem dies dennoch zu denken geben. Doch bekanntlich mahlen die Mühlen des Gesetzes langsam, und so werden wir uns auch noch eine Weile damit auseinandersetzen müssen, dass die Feuerwehr am brennenden Haus eine Anleiterung vornimmt, während der Drehflügler über der Straße kreist und von einer an der Lichtzeichenanlage aufhälterischen Person eine nicht regelmäßige Betätigung des Fahrtrichtungsanzeigers des verunfallten Personenkraftwagens als Unfallursache bezeugt wurde.

Übersetzung gefällig? Die Feuerwehr legt an einem brennenden Haus eine Leiter an, ein Helikopter kreist über der Straße und eine Person, die an der Ampel stand, sagte aus, dass das Unfallauto nicht geblinkt und dadurch den Unfall verursacht habe.

2 b) Streichen Sie jeweils das nicht passende Wort oder den nicht passenden Ausdruck durch.

1. gestelzte – ~~fieberhafte~~ – verschwurbelte – hölzerne Sprache
2. unanfechtbare – ungelenke – sperrige – trübe Formulierung
3. Der Satz ist verschachtelt – ist auf den Schreibtisch geflattert – strotzt von Wortungetümen – ist verklausuliert.
4. Das Gesetz ist ausufernd – ist eingängig formuliert – bedient sich spröder Sprache – ist ansatzweise verständlich.

2 c) Ordnen Sie die Redewendungen bzw. Sprichwörter den passenden Erklärungen zu.

1. keinen Deut
2. ein Lichtstreif am Himmel
3. in die Irre führen
4. die Mühlen des Gesetzes mahlen langsam
5. nur Bahnhof verstehen

a) jemanden täuschen
b) kein Wort begreifen
c) es kann ein langwieriger Prozess sein, bis etwas zu Ende geführt ist
d) gar nicht, überhaupt nicht
e) eine Hoffnung taucht auf

1.	2.	3.	4.	5.
d				

2 d) Kreuzen Sie an, was im Sinne des Textes korrekt formuliert ist.

1. ☐ a) Um behördliche Schreiben in Deutschland verstehen zu können, muss man mehrere C2-Kurse absolvieren.

   ☐ b) Um beim Erwerb eines Hauses mit der zuständigen Gemeinde korrespondieren zu können, muss man sich selbst dieser Amtssprache bedienen.

   ☒ c) Auch gebürtige Deutsche haben große Schwierigkeiten beim Verständnis behördlicher Schreiben.

2. ☐ a) Vor über 300 Jahren war es den Regierenden wichtig, dass der gesamte Verwaltungsapparat in einer dem einfachen Volk nicht verständlichen Gelehrtensprache geführt wurde.

   ☐ b) Verwaltung und Behörden bemühen sich seit dem 17. Jahrhundert, dass sie sich als Repräsentanten der Regierung in allen Texten und Formularen unmissverständlich ausdrücken.

   ☐ c) Auch heutzutage formulieren Juristen Gesetzestexte auf lateinisch, um sich kompakt und exakt auszudrücken.

3. ☐ a) Der Behördensprache ist eine spezielle Grammatik zu eigen, die von Verbalstil, vornehmlich in Passivkonstruktionen, bestimmt ist.

   ☐ b) Die Wortbildungen der Juristensprache verzichten überwiegend auf das sonst übliche Fugen-s.

   ☐ c) Aufgrund der fehlenden Verben ist es häufig schwierig zu erkennen, wer etwas macht oder machen soll.

4. ☐ a) Es gibt ein Forschungsprojekt der Universität Bochum, das sich zum Ziel gesetzt hat, den Bundestag zu beraten.

   ☐ b) Die „Gesellschaft für verständliche Sprache" gibt Schulungen für Firmen, um Hilfestellung bei der Formulierung rechtlich unanfechtbarer Texte zu leisten.

   ☐ c) Inzwischen lassen sich Unternehmen, Behörden und Politiker zunehmend häufig beraten, wie sie sich einer verständlicheren Sprache bedienen können.

5. ☐ a) Gesetzestexte sind nicht zuletzt deshalb verwirrend, weil diverse Begriffe eine völlig andere Bedeutung als in der Alltagssprache haben.

   ☐ b) Da viele Gesetzestexte aus dem Bürgerlichen Gesetzbuch schon sehr alt sind, werden sie ständig verändert und mit anderen Bedeutungen versehen.

   ☐ c) Rechtsanwälte verändern die juristische Fachsprache so, dass sie nur innerhalb ihrer eigenen Berufsgruppe verstanden werden kann.

2 e) Lesen Sie den Leserbrief zu dem Kommentar und ergänzen Sie die Wörter aus dem Schüttelkasten.

Dünkel • Elfenbeinturm • abschotten • Vernebelung • ~~Seele~~ • vorgeben • Imponiergehabe • mächtig • Verzweifeln • Geheimbund • unangreifbar • Gedankentiefe • Schärfe • verschwinden • aufblähen

Sehr geehrtes Redaktionsteam, Ihr Kommentar spricht mir aus der *Seele* (1). Doch ich möchte ihn um noch einen wesentlichen Aspekt erweitern: die Sprache der Wissenschaftler an den Universitäten. Ich studiere Soziologie an einer Hochschule und bin bei der Lektüre der Fachartikel und Fachbücher regelmäßig am ______________ (2), denn ein einmaliges Lesen eines Absatzes genügt in der Regel nicht. Hochkonzentriert liest man Sätze mehrmals, um oft festzustellen, dass sie inhaltlich weitaus dünner sind als sie ______________ (3) zu sein. Weshalb muss man relativ einfache Sachverhalte künstlich ______________ (4)? Um der Welt zu zeigen, wie gebildet und verschiedenster Fremdwörter ______________ (5) man ist? Oder trifft es gar zu, dass sich der akademische Kreis in elitärem ______________ (6) gegen die weniger gebildeten Bevölkerungsschichten ______________ (7) will? Und damit spreche ich nicht von den natürlich notwendigen Fachbegriffen, die einem spezifischen Inhalt die nötige ______________ (8) verleihen sollen. Im Gegenteil, das Schwadronieren* in endlosen Satzgefügen im Nominalstil führt eher zu einer ______________ (9) des Inhalts. In der Absicht, sich ______________ (10) zu machen, oder gar, Unsicherheit hinter beeindruckendem Vokabular ______________ (11) zu lassen? Der Verdacht drängt sich einem auf. Komplexität eines Textes hat nicht unbedingt etwas mit ______________ (12) zu tun. Und wir Studentlein eifern diesem ______________ (13) nach, um auch mit dazuzugehören, stolz darauf, weitere Eingeweihte im ______________ (14) zu werden. Es ist Zeit, diesen ______________ (15) zu verlassen, Türen und Fenster zu öffnen und frischen Wind hereinzulassen!

* Schwadronieren = wortreiches, oft auch aufdringliches Reden, das sich vom lautstarken und großsprecherischen Redestil in den Offizierskasinos in der Vergangenheit ableitet.

2 f) Erklären Sie die Bedeutung der Wörter und Ausdrücke.

1. elitärer Dünkel:

Das ist die Arroganz oder Anmaßung eines Menschen, der meint, auserwählt zu sein und sich einem kleinen Kreis besonderer Menschen zugehörig fühlt.

2. einem Inhalt Schärfe verleihen:

3. Studentlein:

4. Eingeweihter im Geheimbund:

5. den Elfenbeinturm verlassen:

2 g) Schreiben Sie auch einen Leserbrief mit ca. 300 bis 350 Wörtern zu dem Thema Behördensprache. Beziehen Sie sich dabei auf die folgenden Inhaltspunkte.

Die Sprache von Ämtern und Behörden ist häufig deshalb so schwer zu verstehen, weil alle wichtigen rechtlichen Aspekte darin berücksichtigt werden müssen.

Behördensprache erschwert den Alltag von ausländischen Arbeitnehmern in Deutschland unnötig.

Behördensprache ist ein veraltetes Konzept und sollte dringend modernisiert, überarbeitet und vereinfacht werden.

D3 Die Macht der Sprache

3 a) Lesen Sie den Artikel aus einer Tageszeitung und ordnen Sie den Absätzen die Überschriften von Seite 107 zu. Zwei der Überschriften passen nicht.

1. *c) Ein neues Phänomen im öffentlichen Diskurs*

Die digitale Revolution hat durch die Möglichkeiten für jedermann, seine Meinung öffentlich zu machen, einen zunehmend schärferen Ton in die politische Auseinandersetzung gebracht. Erst vor ein paar Jahren wurde der Begriff des „Wutbürgers" für ein neues Phänomen des öffentlichen Engagements geprägt, heute wird in der Medienwissenschaft bereits von „Empörungsdemokratie" gesprochen. Doch was für ein Phänomen ist es, das so deutlich wahrnehmbar die Grenzen des Sagbaren verschiebt?

2. ______________________

Basierend auf der Theorie des amerikanischen Anwalts und Vizepräsidenten des Mackinac Center for Public Policy, Joseph P. Overton, wird das sogenannte Overton-Fenster als der Rahmen an öffentlich diskutablen Ideen definiert. Der öffentliche Diskurs einer jeden Gesellschaft lebt von einer stillschweigend getroffenen, mitunter in einzelnen Punkten auch in Grundgesetz oder Verfassung festgeschriebenen Übereinkunft über ein Spektrum, das von der öffentlichen Moral Akzeptanz erfährt. Die Bandbreite reicht in jeder Richtung von radikal über akzeptabel zu sensibel, dann akzeptiert und wird schließlich herrschende Staatspolitik. Politiker, die sich innerhalb dieses Fensters bewegen, werden als nicht zu extrem erachtet, um ein politisches Amt innezuhaben. Sie versuchen, die Wählerschaft zu überzeugen, dass außerhalb des Fensters liegendes Gedankengut als inakzeptabel zu betrachten ist. Ebenso setzen Befürworter von Ideen außerhalb des Fensters alles daran, dieses zu verschieben oder zu erweitern. Gelingt es ihnen entsprechend, Aufmerksamkeit zu erregen und Zustimmung zu finden, hat das unweigerlich eine Verschiebung des Fensters zur Folge, da in einer Demokratie Politik auf mehrheitsfähige Wählerschaft angewiesen ist. Erfolgreiche Narrative, unkritisch übernommene Erzählungen, die eine bestimmte Menge an Menschen erreichen, können somit einen Paradigmenwechsel initiieren und zu einem grundsätzlichen Wandel aller Rahmenbedingungen führen.

3. ______________________

Bei der Untersuchung der Mittel, die von Vertretern extremer politischer Ansätze angewendet werden, um das Ideenspektrum um bislang inakzeptables Gedankengut zu erweitern, wird deutlich, dass dem sogenannten Framing eine besondere Rolle zufällt.

Kommunikation ohne Frames ist nicht möglich. Jeder Begriff ruft beim Empfänger bestimmte Assoziationen, Bilder, Geräusche, Gerüche, Empfindungen und Erlebnisse hervor, die er im Laufe seines Lebens fest damit verknüpft hat. Beim Hören oder Lesen aktiviert das Gehirn automatisch mit diesem Wort oder dieser Wendung verbundene Erfahrungen. Das geht so weit, dass sich in Versuchen nachweisen lässt, wie zum Beispiel der Ausdruck „ins Auge springen“ den Motorcortex des Gehirns, der die Bewegungen des Menschen steuert, aktiviert. Wird ein stark geframter Begriff nur häufig genug wiederholt – so wie der des politischen Gegners als „links-grün-versifft“ – setzt er sich im Gehirn fest, egal, ob begeistert zugestimmt oder empört gekontert wird. Hier werden Anhänger unterschiedlichster Weltsicht, nämlich sozial, liberal und ökologisch, vereinheitlicht und als schmutzig und ungepflegt bezeichnet. Wird dieser Begriff in die Welt gesetzt und immer wieder aufgegriffen, sickert ein Gefühl der Ablehnung, des Ekels oder sogar der Angst in die Köpfe der Menschen – evolutionär bedingter Urinstinkt, wo Schmutz, Keime und Krankheiten vermutet werden – und beeinflusst die Rezeption von Gedankengut dieser politischen Richtungen. Auch wenn womöglich sinnvolle Baumaßnahmen von einer ökologischen Bewegung als „Flächenfraß“ gegeißelt werden, was gieriges Verschlingen von schützenswerter Umwelt impliziert, ist Framing am Werk.

4. ______________________________

Dabei wird ein jeder, dem es gelingt, mithilfe mehr oder weniger bewusst eingesetzter Frames das Gegenüber von seiner Position oder seinen Argumenten zu überzeugen, als eloquent gelten, als begabter Redner, als gewandter Rhetoriker. In der Antike wurden diese noch überwiegend positiv konnotiert als Demagogen bezeichnet, jedoch vollzog sich im Laufe der Jahrhunderte bei der Beurteilung von Demagogie ein Wandel. Ursprünglich als Volksführer gesehen, wurde der Demagoge zunehmend als Volksverführer wahrgenommen, der die Ideologisierung der Massen zum Ziel hat. Im Faschismus institutionalisiert als „Propaganda“, im Kommunismus als „Agitation“, galt dieses Vorgehen den jeweiligen Ideologen als legitime Strategie, um durch die Formung der allgemeinen Sichtweise die notwendige Unterstützung der Massen zu erhalten. Gegenseitig wurde hingegen stets der Vorwurf der Demagogie erhoben.

5. ______________________________

Allerdings begleitet auch die Politik in einer Demokratie von jeher der Verdacht der unlauteren Einflussnahme, Manipulation und nicht immer faktenbasierten Emotionalisierung der Wähler, da mit Gesetzestexten und erschöpfenden Darstellungen komplexer Inhalte nur schwer Wahlen gewonnen werden können. Politik ist deshalb niemals möglich ohne ein gewisses Maß an Populismus. Volksnähe wird hergestellt durch Vereinfachungen, die vielschichtige Sachverhalte in der Tat erst diskutierbar machen, oder durch Aufgreifen von Stimmungen und Meinungen, wie einst im antiken Griechenland auf dem Marktplatz.

6. ______________________________

Übersetzt auf heutige Verhältnisse ist dieser Marktplatz nun in der digitalen Welt zu finden. Noch nie zuvor gab es die Möglichkeit für tatsächlich jeden, seine Meinung öffentlich kundzutun, sei es in den sozialen Netzwerken, in den Kommentarspalten zu Artikeln oder Videos oder in Blogs. Wer früher in der medialen Welt Gehör finden wollte, musste einen entsprechenden beruflichen Werdegang vorweisen, oder eine Meinungsäußerung wurde mittels eines Interviews in einen bestimmten Zusammenhang gestellt. Alle anderen, die meinten, sie hätten der Öffentlichkeit etwas zu sagen, stellten sich auf die Straße, um laut ihre subjektiv wahrgenommenen Wahrheiten zu verkünden, allerdings selten ernst genommen und mit stark begrenztem Wirkungsfeld. Das ist nun anders. Die Anonymität der digitalen Welt bietet eine Plattform, auf der nicht nur durchaus befruchtender und niveauvoller Meinungsaustausch stattfinden kann, sondern wo sich in erster Linie Frust, Aggression und Hass Bahn brechen.

7. ______________________________

Laut dem Sprachwissenschaftler Joachim Scharloth, der über sechs Jahre 220 Millionen Wörter aus Internetportalen analysierte, die politisch rechts außen angesiedelt sind, findet dort ein regelrechter Wettbewerb statt, sich gegenseitig an herabwürdigenden Äußerungen, Beleidigungen und Beschimpfungen zu überbieten. Ziel dieser unermüdlichen Provokationen sei es, Aufmerksamkeit für die eigene Botschaft zu erzeugen. Erstaunlich sei dabei, dass bei angeblich patriotischer Gesinnung die Verachtung weder das eigene Land noch das eigene Volk verschont, ganz zu schweigen von sämtlichen demokratischen Institutionen. So stelle sich die Ablehnung als kleinster gemeinsamer Nenner einer ansonsten ideologisch relativ durchmischten Szene dar.

8. ______________________________

Dabei ist wortschöpferisch gesehen eine große Kreativität am Werk, die sich des Framing-Instruments geschickt zu bedienen weiß. Kombinationen wie „Migratte", eine Zusammensetzung, bei der im Begriff „Migrant" zugleich zur Entmenschlichung sämtliche negativen Konnotationen des Wortes „Ratte" mitschwingen, oder der „Journalunke", der dem Journalisten die betrügerischen, boshaften und gemeinen Absichten eines „Halunken" bescheinigt, zielen ebenso auf die Emotionen ab wie der „Flüchtlingsstrom" oder „-tsunami", der suggeriert, einer übermächtigen und zerstörerisch wirkenden Gewalt ausgesetzt zu sein, gegen die man sich schützen muss. Tabubereiche des öffentlichen Diskurses, die sich auf historisch belastetes Vokabular aus Zeiten des Nationalsozialismus beziehen, werden absichtlich und provozierend überschritten, um polarisierend zu wirken. So die „Umvolkung", die in nationalsozialistischer Ideologie die (Re-)Germanisierung eroberter Ostgebiete bedeutete und in heutiger Verwendung Kritik am Multikulturalismus übt und Stimmung gegen den Bevölkerungsanteil von Deutschen mit Migrationshintergrund macht.

9. ______________________________

Sprache stellt den Boden für Taten dar, und Taten finden ihre Beurteilung wiederum in der Sprache. Somit kann sie als das sensibelste Messinstrument gelten, mit dessen Hilfe die Positionen und Absichten derer beurteilt werden können, die sie benutzen.

Wer sich als Heilsbringer inszeniert, schafft es in der Regel, Menschen zu aktivieren, die sich bislang in der Parteienlandschaft nicht vertreten fühlten bzw. auch lange kein Interesse dafür aufzubringen vermochten. Dabei spielen Narrative vom betrogenen Volk, von Entrechteten und Unterdrückten eine Rolle, das Bild von „die da oben und wir hier unten“. Die „Stimme des Volkes“ wird beschworen, die „korrupten Eliten“ werden verurteilt, die Kontrolle über die Macht soll wiedererlangt werden. Als in diesem Sinne triggernde Worte, die großes Identifikationspotenzial bieten, wirken die „fleißigen, anständigen Leute“, die „kleinen Leute“, „normal“ und „gesund“ oder gar „der gesunde Menschenverstand“. Auch wird stets „die Wahrheit“ bemüht, die von „Lügenpresse“ oder „Meinungsdiktatur“ verschleiert wird. Die Wahrheit des Populismus beinhaltet stets einfache Gewissheiten, malt Untergangsszenarien an die Wand und soll tiefe Ängste schüren. Um die sogenannte Wahrheit nicht zu komplex werden zu lassen, werden die unterschiedlichsten Gruppierungen, denen die Schuld an den herrschenden Verhältnissen zugewiesen wird, in einen Topf geworfen und andere Positionen mit der hämisch gebrauchten „politischen Korrektheit“ oder „Gutmenschentum“ verunglimpft. Auf diese Weise wird jedem ernst zu nehmenden politischen Diskurs allmählich der Boden entzogen, zumal sich auf der Basis vermeintlich klarer Begriffe, die nun aber eine vehemente Umdeutung erfahren, ohnehin keine Diskussion führen lässt.

10. ______________________________

Doch wie lässt es sich verhindern, dass Politik wie ein Resonanzboden den enthemmten und faktenfernen Schlagabtausch aus dem Netz auffängt und sich damit das Overton-Fenster der Gesellschaft deutlich verschiebt? Denn dabei bleibt es nicht. Werden die Grenzen des Sagbaren verschoben, verschieben sich in unerbittlicher Konsequenz auch die Grenzen des Machbaren. Davor warnt Joachim Scharloth, denn Sprache entfalte immer eine Wirkung. Seiner Beobachtung nach werde im Netz physische Gewalt verharmlost, legitimiert und Akzeptanz für Terrorismus geschaffen. Deshalb plädiert Scharloth vor allem dafür, provokante Schmähreden und Hetze zu ignorieren und ihnen die Bühne zu entziehen.

11. ______________________________

Dies betrifft zum einen den Umgang mit dem Netz, der, wie der Medienwissenschaftler Bernhard Pörksen fordert, bereits in der Schule erlernt werden sollte, idealerweise in einem neuen Schulfach, das die Normen und Prinzipien eines verantwortlichen Journalismus vermitteln solle. Dieser müsse Bestandteil der Allgemeinbildung werden und zum selbstverständlichen Ethos eines jeden gehören, der sich im Netz äußert und somit tatsächlich als Journalist fungiert.

Wünschenswert wäre in jeder Art von Öffentlichkeit ein sorgfältiger und achtsamer Umgang mit Wörtern und Ächtung von spalterischer Rhetorik. Denn weit außerhalb des Overton-Fensters liegende Positionen werden durch regelmäßige Wiederholung zunehmend salonfähiger. Das hat Auswirkungen auf unsere Wertvorstellungen, das öffentliche Meinungsbild, den politischen Diskurs und damit auch auf politische Entscheidungen. Sprachbewusstsein ist das, was auch Victor Klemperer gefordert hat, als er schrieb: „Worte können sein wie winzige Arsendosen: sie werden unbemerkt verschluckt, sie scheinen keine Wirkung zu tun, und nach einiger Zeit ist die Giftwirkung doch da." (Klemperer 2007:26)

a) Worte, und was sie transportieren

b) Ablehnung als Minimalkonsens

c) Ein neues Phänomen im öffentlichen Diskurs

d) Die Sprachpolitik der politischen Parteien

e) Wegbereiter für Gewalt

f) Kreativität in der Entwertung der Sprache

g) Der Kampf um Wählerstimmen

h) Verbiegung der Sprache

i) Populismus als Merkmal extremer Positionen

j) Im Rahmen des moralisch Vertretbaren

k) Mediale Welt im Wandel

l) Forderung nach achtsamem und verantwortlichem Umgang mit Sprache

m) Redekunst oder Manipulation?

3 b) Ordnen Sie jeweils das richtige Verb zu.

1.	einen Begriff	a)	innehaben
2.	Akzeptanz	b)	erregen
3.	ein Amt	c)	brechen
4.	Aufmerksamkeit	d)	prägen
5.	ins Auge	e)	setzen
6.	in die Welt	f)	aufbringen
7.	ein Wandel	g)	erfahren
8.	einen Vorwurf	h)	malen
9.	seine Meinung	i)	schüren
10.	Gehör	j)	springen
11.	in einen Zusammenhang	k)	werfen
12.	sich Bahn	l)	vollzieht sich
13.	für etwas Interesse	m)	entziehen
14.	an die Wand	n)	entfalten
15.	Ängste	o)	stellen
16.	in einen Topf	p)	erheben
17.	etwas den Boden	q)	finden
18.	Wirkung	r)	kundtun

1.	2.	3.	4.	5.	6.	7.	8.	9.	10.	11.	12.	13.	14.	15.	16.	17.	18.
d																	

3 c) Welcher Ausdruck oder welches Wort im Text passt zu den folgenden Erklärungen?

Absatz 1 und 2:

1. die in einer Gesellschaft tabuisierten Themen: *die Grenzen des Sagbaren*
2. etwas gilt als vereinbart, ohne darüber lange diskutiert zu haben:

   ____
3. die Stimmen der Bürgerinnen und Bürger, die eine Partei in die Regierungsverantwortung bringen:

   ____
4. eine etablierte Erzählung, die bestimmte Werte und Emotionen transportiert:

   ____
5. Wandel der grundlegenden Werte oder Rahmenbedingungen:

   ____

Absatz 3:

6. schmutzig, ungepflegt, unhygienisch (umgangsprachlich): ________________
7. wütend widersprechen: ________________________
8. langsam und allmählich durchdringt es die Gedanken:

   ____

Absatz 5:

9. fragwürdige, unaufrichtige Manipulation oder Beeinflussung:

   ____

Absatz 7:

10. die Geringschätzung macht auch vor der Heimat oder den Mitmenschen nicht halt:

    ____

    ____
11. als Minimalkonsens: ________________________

    ____

D

Absatz 9:

12. den Retter spielen: ______________________

13. Reaktionen auslösende Worte: ______________________

14. der normale und klare Verstand eines Menschen, der auf Erfahrungen basiert:

____

Absatz 10:

15. ein Streit, der sich in Phrasen ergeht, bedenkenlos und weit weg von der Realität:

____

____

16. nicht auf angriffslustige, beleidigende Reden achten, die feindselige Stimmung erzeugen:

____

Absatz 11:

17. wie ein Journalist arbeiten und wirken: ______________________

18. Boykott von polarisierenden Äußerungen: ______________________

____

3 d) Ordnen Sie die folgenden kurzen Zusammenfassungen der Absätze in der richtigen Reihenfolge.

[3] Framing wirkt beim Hören oder Lesen direkt auf die Emotionen. Dabei spielt der Assoziationsrahmen, in den Themen durch die Wortwahl gesetzt werden, eine wichtige Rolle.

[ ] Im Gegensatz zu früher kann heute jeder, der möchte, seine Meinung im Netz äußern und dadurch eine breite Öffentlichkeit erreichen. Leider stellt sich ein derartiges Kommentieren des Zeitgeschehens häufig rein destruktiv dar und ist von negativen Emotionen motiviert.

[ ] Bei einer Analyse der verwendeten Schlagwörter fällt auf, wie durch Wortverbindungen per se neutrale Bezeichnungen mit negativ besetzten Assoziationen verknüpft werden oder historisch belastetes Vokabular in neuem Kontext benutzt wird.

- [ ] Der zunehmend aggressive Wortgebrauch im heutigen politischen Diskurs zeigt, wie viele Menschen immer enthemmter Sprache verwenden.

- [ ] Bereits in der Schule sollten ethische Richtlinien für den Umgang mit dem Netz erlernt werden. Auch sollte allgemein eine bewusstere Verwendung von Sprache angestrebt werden, um unabsehbare Folgen zu verhindern.

- [ ] Auch demokratische Politiker verwenden rhetorische Mittel und Vereinfachungen, um Wähler zu gewinnen, und versuchen, die Stimmung im Volk aufzunehmen und für sich zu verwenden.

- [ ] Die von den Politikern verwendete Sprache gibt Aufschluss über ihre Positionen. Wenn bestimmte Schlagwörter verwendet werden, deren Wirkung ausschließlich auf Polarisierung abzielt und die mit starken Vereinheitlichungen arbeitet, die der Realität nicht gerecht werden, geben sich diese Politiker als Populisten zu erkennen.

- [ ] In jeder Gesellschaft gibt es einen bestimmten Rahmen, der vorgibt, was als ethisch-moralische Richtlinien gelten kann. Außerhalb dieses Rahmens positionierte Meinungen können, wenn sie entsprechend intensiv vertreten werden, die gesamte Bandbreite der in der Öffentlichkeit akzeptierten Gedanken verschieben.

- [ ] Eine sprachwissenschaftliche Analyse rechtsextremer Internetportale zeigt eine Unzahl an destruktivem Vokabular, das provozieren und in der Nichtachtung bestehender Werte eine Gemeinsamkeit schaffen soll.

- [ ] Die Grenze zu ziehen zwischen gekonnter Rhetorik und Demagogie ist schwierig. In ideologisch extrem positionierten Staaten galt politische Hetze und Propaganda für die eigene Weltsicht als legitimes Mittel, um die Zustimmung der Massen zu erreichen.

- [ ] Enthemmte Sprache hat Konsequenzen, indem sie auch die Grenzen dessen verschiebt, was in einer Gesellschaft in Bezug auf Taten und Entscheidungen akzeptiert wird. Je weniger diese Art von Sprache Beachtung findet, umso mehr kann man auch einer derartigen Entwicklung entgegenwirken.

3 e) Schreiben Sie nun eine eigene Inhaltsangabe mit ca. 250 Wörtern zu dem Artikel. Orientieren Sie sich dabei an den folgenden Fragen:

Weshalb sieht der Autor die heute im öffentlichen Diskurs verwendete Sprache als problematisch an?

Worin unterscheidet sie sich von bislang in der Politik benutzter volksnaher Sprache?

Was ist Framing und welche Rolle spielt es in der Rhetorik?

Was hat der öffentliche politische Diskurs mit dem Netz zu tun?

Was fordert der Autor, wie die zukünftige Entwicklung aussehen sollte?

Lösungen

A Natur und Umwelt

A1

A1a) 2. A – Survivaltraining Basiskurs – Entdecke deine Urkräfte!
3. D – Survival für Globetrotter
4. B – Überleben nach der Katastrophe
5. D – Survival für Globetrotter
6. A – Survivaltraining Basiskurs – Entdecke deine Urkräfte!
7. D – Survival für Globetrotter
8. C – Überleben im Einklang mit der Natur
9. A – Survivaltraining Basiskurs – Entdecke deine Urkräfte!

A1b) 2. Edgar: Kurs B
3. Gregor: Kurs B
4. Annabel: Kurs A
5. Florian: kein Kurs

A1c) *Lösungsmöglichkeit:*
Liebes Team, der von euch angebotene Kurs „Überleben im Einklang mit der Natur" interessiert mich sehr. Ich bin schon seit Jahren Mitglied bei Greenpeace und ernähre mich ausschließlich vegan. Ich bin gespannt, was wir in dem Kurs alles über ein Leben in und mit der Natur lernen werden.

Ein paar Fragen hätte ich noch: Leider habe ich eine Pollenallergie. Ist eine Teilnahme dennoch möglich? Ich würde den Kurs auch gerne mit meinem Freund zusammen buchen. In der Annonce steht, dass es bei einer Gruppenanmeldung ab drei Personen einen Rabatt gibt. Wäre vielleicht eine kleine Ermäßigung auch bei der Anmeldung von zwei Personen schon möglich? Das wäre eine große finanzielle Erleichterung für mich.

Nun noch zum genauen Termin: Von wann bis wann findet der Kurs im Juli statt? Ich sollte so bald wie möglich auf der Arbeit meinen Urlaub beantragen.

A2

A2a) richtig: 2. ... vom Artensterben, dessen Auswirkungen auf das Ökosystem und der Abhängigkeit der Menschen von einer intakten Natur.

A2b) Absatz B: 2. Ausmaß des fortschreitenden Artensterbens
Absatz C: 5. Ignorante Reaktionen angesichts des Artensterbens
Absatz D: 11. Biodiversität als Garant für die Aufrechterhaltung von Lebensräumen
Absatz E: 9. Anpassung mittels genetischer Variabilität hält vielschichtigen Störfaktoren nicht stand
Absatz F: 8. Notwendige Maßnahmen auf persönlicher, gesellschaftlicher und politischer Ebene
Absatz G: 4. Verzichten, um zu gewinnen
Absatz H: 1. Unleugbare Abhängigkeit des Menschen vom Ökosystem Erde

A2c) Textabschnitte A und B:
2d, 3a, 4g, 5b, 6h, 7i, 8e, 9c, 10f
Textabschnitte C, D und E:
1b, 2j, 3h, 4e, 5g, 6f, 7i, 8a, 9c, 10d
Textabschnitte F, G und H:
1e, 2g, 3f, 4h, 5a, 6c, 7d, 8b

A2d) richtig: 3., 4., 6., 8., 9., 11.

A2e) (2) tieferes
(3) drängende
(4) fähiges
(5) fatale
(6) erhellenden
(7) erscheinenden
(8) größere
(9) selbstverschuldeten
(10) unzähliger
(11) ausgerüsteten
(12) konkreten
(13) existenzbedrohenden
(14) menschlicher

A2f) *Lösungsmöglichkeit:*
Der in der Zeitschrift „Planet Erde" erschienene Artikel „Am Ast sägen" behandelt das Artensterben und seine Auswirkungen auf das Ökosystem Erde. Der Titel des Artikels bezieht sich auf die bekannte Redensart „Jemand sägt an dem Ast, auf dem er sitzt", was besagt, dass sich der Mensch durch sein Handeln die eigene Lebensgrundlage zerstört.
Eine Organisation der UN, der Weltbiodiversitätsrat, hat festgestellt, dass in den nächsten Jahrzehnten etwa ein Achtel der bekannten Tier- und Pflanzenarten, etwa eine Million, vom Aussterben bedroht sein werden. Diese Entwicklung geht viel schneller vor sich als noch vor einigen Jahren erwartet.
Der Artikel widerspricht der teilweise vorherrschenden Meinung, dass dies bedauerlich, aber im Grunde unwesentlich sei, indem er auf das sensible Gleichgewicht von Ökosystemen verweist, das bereits durch das Fehlen nur einer Komponente gestört werden kann.
Auch genetische Vielfalt vermag eine Art nur zu erhalten, wenn ihr Zeit für einen Anpassungsprozess bleibt. Wird der Druck durch verschiedene Störfaktoren zu groß, wie am Beispiel des Ökosystems Meer gezeigt wird, ist ihr Fortbestand aufs Äußerste bedroht.
Schließlich wird die Frage erörtert, wie dieser Entwicklung gegengesteuert werden kann. Als wesentlich gilt dabei der Bewusstseinswandel eines jeden Einzelnen im alltäglichen Leben, der allerdings von gesamtgesellschaftlichen und politischen Maßnahmen begleitet werden muss, um notfalls auch durch Verbote bessere Lebensqualität und den Fortbestand aller für den Menschen lebensnotwendigen Leistungen einer intakten Natur zu sichern.

A3

A3a) 5., 7., 4., 6., 2., 3.

A3b)
2. keimfrei
3. der Imker
4. domestizieren
5. die Befruchtung
6. der Schimmel
7. das Habitat
8. die Made
9. die Milbe
10. die Evolution
11. die Propolis
12. der Parasit
13. die Wertschöpfung
14. das Pheromon
15. die Spermien
16. die Symbiose
17. die Vibration
18. der Nektar
19. die Wabe
20. die Bestäubungsleistung
21. die Larve
22. die Brutzelle
23. die Samenblase

A3c) 2. aufgezogen mit Gelée royale / Töten der Rivalinnen / Hochzeitsflug mit den Drohnen, dabei Aufnahme von bis zu 10 Millionen Spermien / tägliches Legen von bis zu 2000 Eiern / Koordination der Geschehnisse im Bienenstock / nach einem Jahr Ablegen von Eiern in Brutzellen für neue Königinnen / Ausschwärmen mit einem Teil des Bienenvolks
3. einzige Aufgabe der Drohnen ist die Befruchtung der Königin / Tod oder Vertreibung nach dem Hochzeitsflug / alle übrigen Aufgaben im Bien von weiblichen Bienen ausgeführt
4. Kälte / Hitze / Eindringlinge / Fressfeinde/ intensive Landwirtschaft: Mangelernährung durch Monokulturen / Vergiftung durch Pestizide / einseitige Ernährung durch Einsatz von Herbiziden / Luftverschmutzung / elektromagnetische Strahlungen / Klimawandel / Schädlinge wie die Varroa-Milbe / moderne Haltungsbedingungen: Schimmelbefall der Beuten, Stress durch zu intensive Honigentnahme, Winterfütterung mit Zuckerwasser, Züchtung, Varroa-Bekämpfung mit Ameisensäure
5. Nachweis bei wild lebenden Völkern:

Symbiose mit Pseudo-Skorpionen und weitgehende Resistenz gegen Varroa-Milben / wild lebende Völker gesünder und widerstandsfähiger
6. Bestäubungsleistung für die weltweite Landwirtschaft bei etwa 265 Milliarden Euro / volkswirtschaftlicher Nutzen in Deutschland bei 2,7 Milliarden Euro / Existenz von Kulturpflanzen wie Kakao, Vanille und Maracuja bedroht

A3d) *Lösungsmöglichkeit:*

1. These:
Pro: Intensive Landwirtschaft mit Monokulturen und Einsatz von Pestiziden und Herbiziden schwächen die Bienenvölker durch einseitige Ernährung, Mangelernährung und Nervengifte. Umso anfälliger werden sie für Schädlinge. Ein sachkundiger Imker kann für ein abwechslungsreiches Nahrungsangebot sorgen und durch umsichtige Pflege die Bienen gesund erhalten.
Beispiel: Das ist zum Beispiel am Kampf gegen die Varroa-Milbe zu sehen. Nimmt der Befall überhand, werden die Bienen krank und sogar flugunfähig oder unfruchtbar. Behandelt der Imker das Volk mit Ameisensäure, ist das zwar auch belastend für die Bienen, reduziert aber die Milben deutlich.
Contra: Dieser Meinung kann ich nur bedingt zustimmen, denn nachweislich weisen wild lebende Völker die größte Widerstandskraft auf, sowohl gegen Krankheiten als auch gegen Parasiten. Das liegt vermutlich hauptsächlich daran, dass ihnen der Honig gelassen wird und somit Stressfaktoren reduziert werden. Spricht man von der Biene als Nutztier, steht aber genau dieser Aspekt des Honigertrags an erster Stelle.
Beispiel: Um Honig einfach gewinnen zu können, hält man die Bienen beispielsweise in Beuten, die klimatisch nicht ideal und schimmelanfällig sind. Bietet man ihnen jedoch einen ausgehöhlten Baumstamm als Habitat an, lässt sich sogar beobachten, dass auch Pseudoskorpione einziehen, die in perfekter Symbiose mit den Bienen leben und Schädlinge wie die Varroa-Milbe fressen.

2. These:
Pro: Der seit einigen Jahren massive Verlust an Bienenvölkern ist alarmierend, wenn man bedenkt, dass sämtliche Pflanzen weltweit auf die Bestäubung angewiesen sind. Wird diese von Hand vorgenommen, sind deutliche Einbußen an Ertrag und Qualität spürbar.
Beispiel: Es existieren sogar Pflanzen wie Kakao, Vanille und Maracuja, die ausschließlich von Bienen bestäubt werden können. Folglich wird es diese Pflanzen nicht mehr geben, wenn es uns nicht gelingt, das Überleben der Bienen zu sichern.
Contra: Trotz aller scheinbaren Dramatik, wenn es um das Verschwinden einer Tierart geht, muss man doch bedenken, dass es sich dabei um einen im Laufe der Evolution normalen Prozess handelt. Die Innovationskraft des Menschen wird auch mit einer solchen Situation fertigwerden, zumal es auch noch andere Bestäubungsfaktoren gibt.
Beispiel: So wird in vielen Pflanzkulturen von Hand bestäubt, aber auch der Wind oder andere Insekten können diese Wirkung erzielen.

B Gesellschaft und Soziales

B1

B1a) richtig: 3. Die Autorin kritisiert die heutzutage herrschende Überflutung der Menschen mit negativen Meldungen und sieht darin eine Gefahr nicht nur für die menschliche Psyche, sondern auch für die nötige Handlungsfähigkeit bei der Bewältigung zukünftiger Probleme.

B1b) 2d, 3o, 4g, 5q, 6m, 7a, 8h, 9k, 10t, 11c, 12r, 13b, 14i, 15n, 16u, 17e, 18s, 19f, 20j, 21p

B1c) richtig: 3., 5., 6., 7., 8., 10., 12., 13., 16., 18.
falsch: 2., 4., 9., 11., 14., 15., 17.

B1d)
2. man muss etwas tun
3. die Wahrheit sagen, auch wenn es schmerzt
4. Internetnachrichten verschiedensten Art
5. über soziale Netzwerke verbreitete Nachrichten, die nur teilweise stimmen

6. es ist egal, was es kostet
7. zusammen mit der Überzeugung
8. ganz weit weglaufen
9. etwas ist attraktiv
10. etwas in übertriebener Weise tun
11. vermuten, dass etwas absichtlich und von mächtigen Leuten gelenkt passiert

B1e) 2. Z. 14–23: Doch die anonymen Empfänger der über alle Medien transportierten Nachrichten werden mit Negativmeldungen bombardiert. Der Grund dafür ist, dass die schockierendsten Nachrichten die größte Aufmerksamkeit erhalten.
3. Z. 24–37: Objektivität ist sowohl beim Sender als auch beim Empfänger schwer zu erreichen, da das persönliche Wertesystem immer mitschwingt. So legt der Berichterstatter den Fokus auf bestimmte Dinge, und auch der Rezipient behält das in Erinnerung, was zu seiner Überzeugung passt.
4. Z. 38–50: Emotional berührende Bilder von Elend und Katastrophen rufen eine sofortige und eine längerfristige Wirkung hervor. Manche Menschen reagieren teilnahmslos und desinteressiert, andere versuchen mit Spenden zu helfen, doch alle reagieren mit einem erhöhten Stresspegel.
5. Z. 51–63: Wissenschaftlich wurde nachgewiesen, dass sich das menschliche Gehirn entwicklungsgeschichtlich im Hinblick auf Stressbewältigung noch im Pleistozän befindet. Deshalb fühlen sich die Menschen hilflos und verzweifelt und wissen nicht, wie sie auf örtlich und zeitlich weit entfernte Katastrophen reagieren sollen.
6. Z. 64–79: Der Hang des Menschen, sich auf negative Punkte zu konzentrieren, ist auch evolutionär begründet. Das erklärt, weshalb Nachrichtenübermittlung die Tendenz zu Alarmismus bis hin zu Realitätsferne hat.
7. Z. 80–84: Aufgrund dieser Erkenntnisse sollte die Art der Nachrichtenübermittlung überdacht werden und Lösungsansätze und Ziele miteinbeziehen, um die Menschen handlungsfähig zu machen..
8. Z. 85–95: Gerade im Hinblick auf die Herausforderungen des Klimawandels, auf die es bislang wenig zielführende Reaktionen gibt, wäre es wichtig, Weltuntergangsstimmung zu vermeiden.
9. Z. 96–104: Es sollte weniger alarmistische Meldungen, dafür mehr Vermittlung auch positiver Ansätze, und auf Seiten der Rezipienten einen kritischen Medienkonsum geben, um eine zunehmende Polarisierung unserer Gesellschaft zu verhindern.

B1f) Sehr geehrte Redaktion,
vielen Dank für diesen interessanten Artikel, der in unserer Familie für viel Diskussion gesorgt hat.
Im Grunde stimme ich Ihnen zu, dass es wirklich zu viele negative Nachrichten gibt. Allerdings bin ich mir nicht sicher, ob man sagen kann, dass dadurch eine Art Weltuntergangsstimmung hervorgerufen wird. Es ist doch eher so, dass durch die Globalisierung die Welt enger zusammengerückt ist, und deshalb alle Probleme der Welt nicht mehr regional begrenzt sind.
Im Gegenteil: Es ist unser Planet, und die Probleme unseres Planeten gehen uns alle etwas an. Ich bezweifle, dass diese Menschen, die sich desinteressiert und teilnahmslos abwenden, anders reagieren würden, wenn es weniger negative Nachrichten geben würde. Diese Art der Reaktion liegt eher an der egoistischen Haltung dieser Personen, nicht an der Menge der Katastrophenmeldungen.
Im Prinzip ist es auch richtig, dass Meldungen immer den subjektiven Blickwinkel des Berichtenden wiedergeben. Aber ist das nicht gut so? Wenn man sich zu einem Thema verschiedene Berichte ansieht, Artikel liest oder Meinungen hört, dann kann man am Ende einen umfassenden und realistischen Eindruck von der Lage bekommen. Man kann das an folgendem Beispiel verdeutlichen: Die Einschätzung einiger Wissenschaftler oder von Umweltschutzorganisationen in Bezug auf den Klimawandel ist wirklich alarmierend. Manche Politiker dagegen oder führende Wirtschaftswissenschaftler, die andere Prioritäten sehen, versuchen die Öffentlichkeit zu beruhigen oder warnen vor zu einschneidenden Maßnahmen. Wenn man diese beiden Positionen ernstnimmt, kann man im Endeffekt zu Lösungen kommen, die in vieler Hinsicht zufriedenstellend sind.

Vielleicht ist das sehr optimistisch gedacht, aber diesen wichtigen Aspekt wollte ich zu ihrem Artikel noch beitragen.
Mit freundlichen Grüßen
Max Mustermann

B2

B2a) richtig: 2b, 3d, 4a, 5c, 6d, 7a, 8d, 9a, 10b

B2b)
1. (2) Gleichwohl / Jedoch
   (3) dauerhaft
   (4) darüber hinaus
   (5) erheblicher
   (6) Ungeachtet
   (7) zunehmend
   (8) Zwar
   (9) jedoch / gleichwohl
   (10) durchaus
   (11) wohl
2. (1) Unmut
   (2) wagt
   (3) konfrontiert
   (4) pochen
   (5) verwahrlost
   (6) auf die hohe Kante
   (7) in mageren Zeiten
   (8) auf der Tasche
   (9) Existenzminimums
   (10) keine Chance
3. (1) bestätigen
   (2) drohte
   (3) aufopfernden
   (4) Vorortgemeinde
   (5) ergattern
   (6) Hürden
   (7) Räumungsklage
   (8) überwiesen
   (9) überteuert
   (10) Besichtigungstermin
   (11) Karten
   (12) Penner

B2c) Vielen Dank für Ihre sehr aufschlussreiche Reportage.
Wie sinnvoll dieses Projekt Housing First auch hier bei uns wäre, ist mir jetzt wirklich klargeworden. Darüber hinaus scheint es das Sozialsystem erheblich zu entlasten, was auch angesichts der vielen RentnerInnen, die unter dem Existenzminimum leben und Unterstützung brauchen, wesentlich ist. Doch für entscheidend halte ich, dass weniger gut gestellte Menschen auf dem hart umkämpften Wohnungsmarkt in den deutschen Metropolen grundsätzlich schlechte Karten haben, eine Wohnung zu ergattern. Aus diesem Grund ist Housing First unumgänglich.
Gleichwohl kann der Betreuung durch Sozialarbeiter auch nicht genug Bedeutung beigemessen werden, denn Suchtkrankheiten können ein unüberwindliches Hindernis auf dem Weg zurück in die Gesellschaft darstellen.

C Wirtschaft und Konsum

C1

C1a) (2) h) Dem Klettern auf der Karriereleiter werden konsequent Privatleben und Ansprüche von Partnern und Kindern geopfert, das Treten im Hamsterrad endet oft im Burn-Out, Zeit- und Leistungsdruck reichen bis hinein in Feierabend und Wochenende.
(3) c) Besonders bei Familien mit Kindern, erst recht bei alleinerziehenden Elternteilen, schwappt die Obligationszeit mangels Verfügbarkeit in die dem Schlaf reservierte Phase über, ganz zu schweigen davon, dass die Dispositionszeit schon längst für Obligationen verbraucht wurde.
(4) f) Der Erkenntnis, dass eine Vollzeitarbeitsstelle den Arbeitnehmenden zunehmend seinem Leben entfremdet, wird in der neuen deutschen Gesetzgebung bezüglich der Erziehungszeiten zumindest ansatzweise Rechnung getragen.
(5) i) Der Fokus liegt auf effektivem und qualitativ hochwertigem Erledigen der anfallenden Aufgaben, konzentrierter auf das Wesentliche, ohne die üblichen Zeitfresser wie endlose Meetings, Chats innerhalb der Mitarbeiterschaft oder einfach ohne Fehler, die passieren, weil das zu lange Arbeiten stresst und ermüdet.
(6) e) Burn-Out ist kein Thema mehr, es gibt weniger Reibungsverluste durch Einarbeitung von ständig wechselnden MitarbeiterInnen. Aufgrund ihrer Offenheit für flexible Arbeitszeiten sind diese Firmen auf dem Arbeitsmarkt im Vorteil, wenn es darum geht, SpezialistInnen und Fachkräfte zu gewinnen.

(7) g) Mittelfristig gesehen liefe eine Arbeitszeitverkürzung hingegen auf vermehrte Überstunden oder Aufstockung der Personalkapazität hinaus.
(8) a) Allein die Tatsache, bei der Arbeitseinteilung eingebunden zu sein und mitbestimmen zu können, mindert angeblich bereits das Gefühl einer Überforderung. Arbeitszeitsouveränität, zu der nicht nur das Modell der 4-Tage-Woche, sondern auch Homeoffice und Vertrauensarbeitszeit gehört, scheint das Konzept der Zukunft zu sein.
(9) d) Über Jahrtausende der Menschheitsgeschichte hätten die Gesellschaften durchaus auch andere Tugenden und soziale Abgrenzungsmöglichkeiten gekannt, und erst im 17. Jahrhundert habe sich in England das Konzept der Leistungsgesellschaft herausgebildet, wie es sie noch heute gibt.

C1b) **Seite 55:**

2. ausbeuterische Arbeitsbedingungen
3. Und täglich grüßt das Murmeltier
4. Hamsterrad
5. Sabbatjahr
6. diverse smarte Errungenschaften
7. herkömmlich

Seite 56:

8. überschwappen
9. Sprößling
10. auf der Strecke bleiben
11. auftauchend
12. Verheißung
13. verlockend

Seite 57:

14. bedingt
15. Einbuße
16. Reibungsverlust
17. Neue Besen kehren gut.
18. mittelfristig
19. Aufstockung
20. Engpass
21. schleichend

Seite 58:

22. starr
23. Vertrauensarbeitszeit
24. auf den Prüfstand stellen
25. Tugend
26. Tüchtigkeit
27. erstrebenswert
28. in absehbarer Zeit

C1c)

1. Obwohl die meisten Menschen weder den Sinn ihres Lebens in der Arbeit sehen noch in eine bestimmte Arbeit gezwungen werden, arbeiten sie so viel, dass ihr Privatleben und ihre Gesundheit darunter leiden. Dieses Phänomen wiederholt sich ständig.
2. Es gibt die Phase, die dem Schlaf vorbehalten ist, dann die Phase für die Arbeit, genannt Determinationszeit. Für wichtige Erledigungen, die Organisation des Privatlebens betreffend, ist die Obligationszeit da, und die tatsächlich freie Zeit für Hobbys, Freunde oder Nichtstun ist die Dispositionszeit.
3. Aufgrund der langen Arbeitszeiten haben viele Menschen keine Energie mehr, ihre Wohnung aufzuräumen oder sich ein gesundes Essen zu kochen, bzw. kommen sie nur noch zum Schlafen in ihre Wohnung.
4. Die Angestellten waren zufriedener und motivierter, waren seltener krank und es traten keine Burn-Out-Fälle mehr auf. Die Firmen profitierten von höherer Effizienz und Produktivität ihrer MitarbeiterInnen, es gab weniger Personalfluktuation und sie waren im Wettbewerb um qualifizierte Fachkräfte im Vorteil.
5. In der verbleibenden Arbeitszeit könnte erhöhter Druck entstehen, und es könnte notwendig werden, mehr Personal einzustellen.
6. Flexible Arbeitszeitmodelle müssen erarbeitet, angeboten und von der Gesetzgebung ermöglicht werden.
7. Es könnten unzählige Arbeitsplätze wegfallen, was in der Gesellschaft nur bewältigt werden kann, wenn sich die Menschen nicht mehr allein über ihren Wert als Lohnarbeiter definieren. Die Arbeitsethik der Leistungsgesellschaft muss sich grundlegend ändern.
8. Zum einen wird ganz direkt Benzin und CO_2-Emission eingespart, zum anderen bleibt den Berufstätigen mehr Zeit und Kraft für eine klimafreundliche und nachhaltigere Lebensweise.

C1d) Liebe Redakteurin,
ich freue mich über Ihren ausführlichen Artikel, der ein Thema anspricht, das mich schon lange beschäftigt. Nicht nur in meiner eigenen Familie, sondern auch im Freundes- und Bekanntenkreis beobachte ich seit Jahren eine stetige Zunahme an Krankheiten, die sich eindeutig aus Stress und Überforderung am Arbeitsplatz ergeben.
Wie kann das sein, in einer Zeit so vieler technischer Hilfsmittel, die uns Menschen eigentlich Zeit sparen und Arbeit abnehmen sollen? Ich habe den Eindruck, hart arbeitende Bauern auf dem Land vor 100 oder 150 Jahren hatten mehr Zeit, waren gesünder und zufriedener, als wir Menschen heute, obwohl sie keine Geräte und Maschinen hatten, die uns heute so viel Arbeit abnehmen. Doch was man meiner Meinung nach zu wenig bedenkt, das ist, wie viel Zeit und Energie es in Anspruch nimmt, alles unter Kontrolle zu behalten, alle Informationen zu verarbeiten und zu sortieren und ständig dazuzulernen, um nicht den Anschluss zu verpassen. Die einzige Lösung dieser Problematik kann nur sein, die Arbeitszeit zu verkürzen.
In diesem Zusammenhang erstaunt es mich nicht, wenn Sie über Untersuchungen berichten, die ausschließlich Positives bei Arbeitszeitverkürzung ergeben haben. Auch das kann man bei sich selbst beobachten, wie viel motivierter und voller Energie man an den Arbeitsplatz zurückkehrt, wenn man einen erholsamen und ausreichend langen Urlaub verbringen konnte. Jeder profitiert davon, wenn der Arbeitnehmer sich wieder auf seine Arbeit freut, nicht zuletzt der Firmenchef.
Auf keinen Fall darf eine Reduzierung der Arbeitszeit bedeuten, dass der Stress für die Arbeitnehmer noch mehr steigt, weil sie dasselbe Pensum in kürzerer Zeit schaffen sollen. Wichtig wäre dann, dass die Leitung der Unternehmen erkennt, dass zu wenig Personal langfristig nur Probleme bedeutet. Vielleicht ist die Investition in die Entlastung des Personals vorerst hoch, meines Erachtens zahlt sie sich aber auf einen längeren Zeitraum gesehen aus. Es ist zu begrüßen, wenn in den Medien dieses Thema immer wieder diskutiert wird, denn dann kann man hoffen, dass es auch endlich in der Politik ankommt!

C2

C2a)

2. b)	3. b)	4. a)	5. a)	6. b)	7. b)
8. a)	9. a)	10. b)	11. b)		

C2b)

2c	3a	4b	5f	6e	7j	
8l	9i	10n	11m	12g	13k	14d
1c	2e	3i	4g	5b	6k	
7m	8d	9j	10l	11a	12f	13h

C2c) *Lösungsmöglichkeit:*
Am Black Friday werden in den USA aufgrund der starken Preisreduzierungen die Geschäfte von konsumfreudigen Menschen überrannt. Dabei kann es vorkommen, dass der Wettbewerb um die günstigsten Waren außer Kontrolle gerät. Menschen werden mitunter beschimpft, beleidigt oder verletzt. Inzwischen gibt es diesen Einkaufstag auch im deutschsprachigen Raum. Die zum Teil aufdringliche Werbung wird jedoch nicht von allen gern gesehen.
Auch im Internet ist unzählig viel Werbung geschaltet, die die Käufer unter Druck setzen und zu Impulskäufen verleiten soll. Der Black Friday wird dabei häufig schon in den vorherigen Tagen durch den Cyber Monday eingeläutet.
Aus sozialkritischer Perspektive ist der Black Friday für weniger finanzstarke Teile der Bevölkerung eine einmalige Chance, sich auch einmal wertvollere Artikel leisten zu können.
Allerdings warnen Verbraucherschützer vor betrügerischen Angeboten und weisen darauf hin, dass die großen Preisreduzierungen einer genaueren Analyse meist nicht standhalten. Sie orientieren sich häufig an der unverbindlichen Preisempfehlung des Herstellers, die in der Regel weit über dem tatsächlichen Handelspreis liegt. Vor übereilten Käufen im Internet wird auch im Hinblick auf den Umweltschutz gewarnt, da diese Waren oft wieder zurückgeschickt werden.

C3

C3a)
2. e) Leben auf Pump
3. i) Konzentration auf zukunftsweisende Modelle
4. c) Einer, stellvertretend für viele
5. k) Nicht nur das Bruttoinlandsprodukt ist das Maß aller Dinge!
6. h) Verfechter des „Haben statt Sein" auf dem Rückzug.
7. d) Mit gutem Beispiel voran
8. m) In die Verantwortung genommen
9. j) Heiße Eisen
10. g) Querdenker gesucht
11. a) Festgefahren in der Sackgasse?

C3b)
2a) auf Pump leben
2b) Erdüberlastungstag
3) marktradikal
4a) wiederkäuen
4b) Verschleiß
4c) überbordend
4d) Anreicherung
5a) abseits
5b) tragfähig
5c) kopernikanischen Ausmaßes
5d) Bruttoinlandsprodukt
6a) Verfechter
6b) Kluft
7) Gemeinwohl
8) Kerngeschäft
9a) heißes Eisen
9b) Umsetzbarkeit
10a) Querdenker
10b) Traumtänzerei

C3c) *Lösungsmöglichkeiten:*
2. Die rasante Zunahme dieser Entwicklung ist am ....
3. Das einzige Beispiel, das als Stellvertreter für Fehlentwicklungen auch ...
4. ..., betrifft die Bekleidungs- und Textilindustrie, die die Vorgabe „Fast Fashion" durch die Modeindustrie erfüllt.
5. Dazu kommt, dass die Umwelt durch zunehmenden ... belastet wird.
6. ..., dass abseits von Überfluss und Verschwendung der Entwurf von Wohlstandsmodellen notwendig ist, die tragfähig ...
7. ..., dass ungeachtet dessen weiterhin als einziges Maß für den Wohlstand eines Landes das Bruttoinlandsprodukt gilt ...
8. ... vor diesem Hintergrund einer Gesellschaft, in der sich allmählich ein Wandel vollzieht, das alternative ...
9. ... sind, laut Hoffenheim, zunehmend attraktiv sowohl bei ...
10. Dabei kommen Themen, die viel diskutiert werden, wie ...
11. Dabei werden kontrovers behandelte Themen wie ... erörtert.
12. ..., wird der Lesende darauf aufmerksam gemacht, ...

C3d)
(2) zieht
(3) liefern
(4) absorbieren
(5) erhoben
(6) aufgestellt
(7) beschrieben
(8) fehlt
(9) überschreiten
(10) wandern
(11) festmacht
(12) teilen
(13) erfreut
(14) bewältigt
(15) verbunden
(16) übernehmen
(17) verstreicht
(18) geführt

C3e) *Lösungsmöglichkeit:*
Sehr geehrtes Redaktionsteam,
bezugnehmend auf den kürzlich erschienenen Artikel „Alles ist endlich" möchte ich meinen Dank dafür ausdrücken, eine breite Leserschaft auf das Buch von Professor Jens Hoffenheim aufmerksam gemacht zu haben. Wenn ich auch dieses Buch noch nicht gelesen habe, kenne und schätze ich diesen Autor doch schon seit längerer Zeit.
Es ist heutzutage sehr wichtig, dass viele Menschen begreifen, wie wir durch ständiges Wachstum unsere Erde überfordern und auf eine Katastrophe zusteuern. Man braucht nur aufmerksam die Nachrichten zu verfolgen, damit einem klar wird, dass der Wettbewerb um Ressourcen immer schärfer wird. Wenn man das weiterdenkt und schließlich zu einer existenziell wichtigen

Ressource wie dem Wasser kommt, kann einem angst und bange werden. Die Menschheit lebt seit Jahren auf Pump und weiß nicht, wie sie ihre Schulden zurückzahlen soll.
Zum Glück gibt es jedoch viele innovative Ideen, die durchaus zukunftstauglich erscheinen. Bislang hat es der Mensch in der Geschichte der Erde immer geschafft, Krisen durch viel Kreativität zu bewältigen, so wird es hoffentlich auch diesmal geschehen. Sie erwähnen in Ihrer Rezension, dass Hoffenheim all die Bewegungen der jüngeren Generation beschreibt, die nicht mehr ausschließlich auf dem Prinzip „haben" basieren. Das macht meiner Ansicht nach Hoffnung und nichts wäre fataler, als diese Menschen als realitätsferne Traumtänzer zu verurteilen. In meinem eigenen Umfeld beobachte ich seit einiger Zeit, wie immer mehr Menschen auf Flohmärkten einkaufen, nicht mehr benötigte Dinge verschenken oder spenden und wieder häufiger versuchen, kaputte Geräte zu reparieren, anstatt neue zu kaufen. Das mag wie ein Tropfen auf dem heißen Stein wirken, ist aber ein Schritt in die richtige Richtung. Je mehr wir teilen, umso eher haben wir die Chance, uns allen einen gewissen Wohlstand zu erhalten.
Nicht zuletzt ist hier die Politik gefordert, sowohl außen- wie auch innenpolitisch. Gesellschaftliche und globale Verantwortung müssen zunehmend von den Unternehmen gefordert werden, die große Gewinne machen, denn eine weitere Vergrößerung der Kluft zwischen Arm und Reich könnte dazu führen, dass wir die globale Situation doch nicht mehr unter Kontrolle behalten.
Ich freue mich auf die Lektüre des von Ihnen so informativ besprochenen Buches!

D Sprache

D1

D1a) (2) j) Der Vorteil dieser Konstrukte liegt in der leichten Erlernbarkeit sowie in Neutralitat und Einheitlichkeit.
(3) g) Dem trägt der EU-Beschluss von 2002 Rechnung, der besagt, dass alle Jugendlichen in Europa mindestens zwei weitere Sprachen lernen sollten.
(4) m) Dieser Prozess des Sprachensterbens kann bereits über Jahrtausende verfolgt werden.
(5) l) Also der gewollte oder bewusst in Kauf genommene Sprachentod?
(6) d) Dahinter stehen massive politische Interessen, nämlich die kulturelle, ethnische und sozioökonomische Unabhängigkeit einer Sprachgruppe vernichten zu wollen.
(7) i) Was bedeutet das für das Leben dieser Ethnie?
(8) b) Der Verlust einer jeden Sprache, und ist die Gemeinde der Sprecher noch so klein, ist für die Sprachwissenschaft eine herbe Enttäuschung.
(9) n) Sprachliche Strukturen prägen unsere Wahrnehmung der Welt und somit letztendlich unser Denken, und zwar tatsächlich in ungeahntem Ausmaß.
(10) h) Aber woher weiß man, dass die Sprache das Denken beeinflusst?
(11) e) Die ändern nachweislich ihre Einstellung, je nachdem, in welcher Sprache sie sprechen.
(12) k) Was für Auswirkungen könnte das konkret haben?
(13) a) Selbstverständlich, denn veränderte gesellschaftliche Bedingungen müssen sich auch in einer sprachlichen Weiterentwicklung abbilden.
(14) f) Insofern sollten wir die Vielzahl an Sprachen als Bereicherung empfinden, aber im Umkehrschluss auch achtsam mit Sprache umgehen.

D1b) 2a 3e 4d 5b
1c 2a 3d 4b
1b 2c 3a

D1c) 2d 3c 4f 5b 6a

D1d) *Lösungsmöglichkeit:*
Ein redseliger Mensch ist einer, der gern und viel redet und oftmals weit ausholt. Gedanken können nun eigentlich nicht reden, allerdings erklärt die Professorin für Sprachwissenschaft und Psycholinguistik, dass Denken im Grunde genommen erst durch die Fähigkeit, etwas in Worte zu fassen, möglich wird. Dabei schwingen alle Assoziationen mit, die man mit einem bestimmten Wort verbindet. Hier ist die Verbindung zu dem Adjektiv „redselig" gegeben. Die Professorin schlussfolgert daraus, dass die Beherrschung mehrerer Sprachen auch zu einem erweiterten Horizont beiträgt, weil man sich mit unterschiedlichen Sichtweisen auf die Welt auseinandersetzt.

D1e) *Lösungsmöglichkeit:*
2. Lingua franca früher und heute
3. Sprachensterben im Laufe der Geschichte
4. Linguizid als Sonderform des Sprachensterbens
5. Auswirkungen von Sprache auf Denkkonzepte
6. Besonderheit bei Bilingualen
7. Geschlechtergerechte Sprache als Ausdruck einer veränderten Gesellschaft

D1f) *Lösungsmöglichkeit:*
In dem Interview „Redselige Gedanken" geht die Professorin für Psycholinguistik und Sprachdiversität, Anne Lauenstein, darauf ein, wie viele verschiedene Sprachen im Laufe der Zeit ausgestorben sind. Während der letzten 500 Jahre sind bereits die Hälfte der bekannten Sprachen verschwunden, und in den nächsten Jahrzehnten wird wiederum die Hälfte der heute existierenden Sprachen sterben. Das hat nicht nur schwerwiegende Folgen für den kulturellen Reichtum der Erde, sondern auch für die gedankliche Vielfalt, die Welt zu sehen und zu beurteilen.
Die Professorin beschreibt einige Sprachen, die bei den Menschen, die sie sprechen, bestimmte Fähigkeiten fördern oder sogar ausbilden. Auch gibt es Versuche, die belegen, wie unterschiedliche Sprachen zu unterschiedlichen Aussagen über dieselbe Sache führen können.
Meiner Ansicht nach ist diese Erkenntnis wichtig, wenn es um die Diskussion geht, ob die Sprache verarmt, wenn es zunehmend Anglizismen in der deutschen Sprache gibt. Die Bereiche, in denen Anglizismen benutzt werden, sollten in diesem Zusammenhang betrachtet werden. Sind es bestimmte Sportarten oder IT-Bereiche, wären so gedacht Anglizismen sinnvoll, da sie präzise die Zusammenhänge beschreiben. Eine Übersetzung in deutsche Wörter könnte nie so treffend sein.
Dagegen sind Situationen, in denen Anglizismen deutsche Wörter tatsächlich verdrängen, kritisch zu hinterfragen. Wieso sollte etwas auf Englisch ausgedrückt werden, wenn es durchaus exakte deutsche Wörter dafür gibt? Hier kommt meiner Meinung nach eher noch ein anderer Aspekt hinzu: Besonders jugendliche Sprecher versuchen sich durch englisches Vokabular abzugrenzen und so ihre Gruppenzugehörigkeit „hörbar" zu machen. Das wäre als vorübergehende Phase verständlich, allerdings finde ich, dass es nicht dazu führen darf, einen differenzierten Gebrauch der Muttersprache allmählich zu verlernen.

D2

D2b) nicht passender Ausdruck:
2. trübe
3. ist auf den Schreibtisch geflattert
4. ist ausufernd

D2c) 2e 3a 4c 5b

D2d) richtig:
2a 3c 4c 5a

D2e)
(2) Verzweifeln (3) vorgeben
(4) aufblähen (5) mächtig
(6) Dünkel (7) abschotten
(8) Schärfe (9) Vernebelung
(10) unangreifbar (11) verschwinden
(12) Gedankentiefe (13) Imponiergehabe
(14) Geheimbund (15) Elfenbeinturm

D2f) *Lösungsmöglichkeit:*

2. Wenn man etwas mit Worten beschreibt, die so genau und treffend sind, dass sie mit einem scharfen Messer verglichen werden können, das exakt schneidet.
3. Durch die Verkleinerungsform wird ausgedrückt, dass Studierende, die sich so verhalten, unkritisch das Verhalten übernehmen, das ihnen an der Universität vorgelebt wird, und bewundernd zu den ProfessorInnen aufschauen.
4. Eine Vereinigung von Menschen im Geheimen bedarf besonderer Rituale, um aufgenommen zu werden. Dieser Vorgang wird in religiösem Kontext als Weihe bezeichnet, in Verbindung zu geheimen Inhalten mit „Einweihung".
5. Der Elfenbeinturm beschreibt als Bild für einen geistigen Ort die selbst gewählte Isolation von Wissenschaftlern oder auch Künstlern, fernab von den Problemen des Alltags und der Gegenwart.

D2g) *Lösungsmöglichkeit:*

Liebe Autoren dieses erheiternden Artikels, Sie sprechen auf sehr humorvolle Art ein wirklich ungemein wichtiges und leider auch ernstes Problem an. Mit dieser in weiten Teilen kaum verständlichen Sprache wird jeder konfrontiert, der einen Rechtsanwalt braucht, der einen Handyvertrag abschließt, einen Versicherungsschaden meldet oder sonst mit irgendeiner Behörde oder einem rechtlichen Thema zu tun hat. Natürlich kann man verstehen, dass diese Sprache absolut präzise und rechtlich einwandfrei sein muss. Auch muss es mithilfe dieser Sprache geschafft werden, viele verschiedene Aspekte oder Sachverhalte zu beschreiben, ohne dass ein ganzer Roman entsteht.
Doch meines Erachtens ist es nicht mehr zeitgemäß, dass diese Sprache auch für den gebildeten Normalverbraucher stets von Fachleuten übersetzt werden muss. Was tun all die armen Bürgerinnen und Bürger, die einen Antrag stellen müssen, wenn sie noch nicht einmal das Antragsformular verstehen? Außerdem gehört es in unserer globalen Welt zur Norm, dass es eine große Anzahl von ausländischen Arbeitnehmern gibt. Für diese Gruppe Menschen ist es völlig unmöglich, diese Art von Behördensprache zu verstehen, die ja bereits für Muttersprachler eine große Schwierigkeit darstellt. Eine Lösung könnte sein, dass behördliche oder rechtliche Schreiben automatisch in mehreren Sprachen erstellt werden, doch das erscheint mir deutlich umständlicher, als den beschriebenen Sachverhalt in verständlichen Sätzen auszudrücken.
Ich bin der Meinung, dass es sich bei dieser Art von Behördensprache wirklich um ein veraltetes Konzept handelt. Wie in Ihrem Artikel beschrieben, gibt es ja durchaus schon einzelne Bemühungen, etwas dagegen zu unternehmen. Das muss allerdings eine Angelegenheit der höchsten politischen Ebene werden und zu einer generellen Umstrukturierung sämtlicher behördlichen Mitteilungen führen. Wenn Gesetzestexte selbst für den Laien nicht in allen Aspekten zu begreifen sind, ist das akzeptabel, denn dazu sind Rechtsanwälte meiner Ansicht nach da. Alltägliche Schreiben oder Mitteilungen allerdings haben das Ziel, vom Empfänger verstanden zu werden, aber dann müssen Sie auch so geschrieben werden, oder jedes Büro richtet einen zusätzlichen Erklärungs- und Übersetzungsdienst ein – was lächerlich wäre und umso mehr die Dringlichkeit einer Modernisierung zeigt.

D3

D3a)
2 j) Im Rahmen des moralisch Vertretbaren
3 a) Worte, und was sie transportieren
4 m) Redekunst oder Manipulation?
5 g) Der Kampf um Wählerstimmen
6 k) Mediale Welt im Wandel
7 b) Ablehnung als Minimalkonsens
8 f) Kreativität in der Entwertung der Sprache
9 h) Verbiegung der Spache
10 e) Wegbereiter für Gewalt
11 l) Forderung nach achtsamem und verantwortlichem Umgang mit Sprache

D3b)

2g	3a	4b	5j	6e	7l
8p	9r	10q	11o	12c	13f
14h	15i	16k	17m	18n	

D3c) Absatz 1 und 2:

2. eine stillschweigend getroffene Übereinkunft
3. mehrheitsfähige Wählerschaft
4. Narrativ
5. Paradigmenwechsel

Absatz 3:

6. versifft
7. empört kontern
8. es sickert in die Köpfe

Absatz 5:

9. unlautere Einflussnahme

Absatz 7:

10. die Verachtung verschont weder das eigene Land noch das eigene Volk
11. als kleinster gemeinsamer Nenner

Absatz 9:

12. sich als Heilsbringer inszenieren
13. triggernde Worte
14. gesunder Menschenverstand

Absatz 10:

15. enthemmter und faktenferner Schlagabtausch
16. provokante Schmähreden und Hetze ignorieren

Absatz 11:

17. als Journalist fungieren
18. Ächtung von spalterischer Rhetorik

D3d) **6. Absatz:** Im Gegensatz zu früher kann heute jeder, der möchte, seine Meinung im Netz äußern und dadurch eine breite Öffentlichkeit erreichen. Leider stellt sich ein derartiges Kommentieren des Zeitgeschehens häufig rein destruktiv dar und ist von negativen Emotionen motiviert.

8. Absatz: Bei einer Analyse der verwendeten Schlagwörter fällt auf, wie durch Wortverbindungen per se neutrale Bezeichnungen mit negativ besetzten Assoziationen verknüpft werden, oder historisch belastetes Vokabular in neuem Kontext benutzt wird.

1. Absatz: Der zunehmend aggressive Wortgebrauch im heutigen politischen Diskurs zeigt, wie viele Menschen immer enthemmtere Sprache verwenden.

11. Absatz: Bereits in der Schule sollten ethische Richtlinien für den Umgang mit dem Netz erlernt werden. Auch sollte allgemein eine bewusstere Verwendung von Sprache angestrebt werden, um unabsehbare Folgen zu verhindern.

5. Absatz: Auch demokratische Politiker verwenden rhetorische Mittel und Vereinfachungen, um Wähler zu gewinnen, und versuchen die Stimmung im Volk aufzunehmen und für sich zu verwenden.

9. Absatz: Die von den Politikern verwendete Sprache gibt Aufschluss über ihre Positionen. Wenn bestimmte Schlagwörter verwendet werden, deren Wirkung ausschließlich auf Polarisierung abzielt und die mit starken Vereinheitlichungen arbeitet, die der Realität nicht gerecht werden, geben sich diese Politiker als Populisten zu erkennen.

2. Absatz: In jeder Gesellschaft gibt es einen bestimmten Rahmen, der vorgibt, was als ethisch-moralische Richtlinien gelten kann. Außerhalb dieses Rahmens positionierte Meinungen können, wenn sie entsprechend intensiv vertreten werden, die gesamte Bandbreite der in der Öffentlichkeit akzeptierten Gedanken verschieben.

7. Absatz: Eine sprachwissenschaftliche Analyse rechtsextremer Internetportale zeigt eine Unzahl an destruktivem Vokabular, das provozieren und in der Nichtachtung bestehender Werte eine Gemeinsamkeit schaffen soll.

4. Absatz: Die Grenze zu ziehen zwischen gekonnter Rhetorik und Demagogie ist schwierig. In ideologisch extrem positionierten Staaten galt politische Hetze und Propaganda für die eigene Weltsicht als legitimes Mittel, um die Zustimmung der Massen zu erreichen.

10. Absatz: Enthemmte Sprache hat Konsequenzen, indem sie auch die Grenzen dessen verschiebt, was in einer Gesellschaft in Bezug auf Taten und Entscheidungen akzeptiert wird. Je weniger diese Art von Sprache Beachtung findet, umso mehr kann man auch einer derartigen Entwicklung entgegenwirken.

D3e) *Lösungsmöglichkeit:*

Der Artikel „Die Macht der Sprache“ aus einer Tageszeitung ist ein Plädoyer für einen achtsameren Umgang mit Sprache und warnt vor den unkontrollierbaren Folgen hetzerischer Rhetorik.

Laut dem Autor des vorliegenden Artikels ist heutzutage eine Verschiebung des öffentlichen Diskurses in zunehmend

radikalere Bereiche zu beobachten. Noch vor einigen Jahren herrschte gesellschaftlicher Konsens darüber, welche Themen oder Ausdrücke, die die politische Auseinandersetzung bestimmten, als moralisch akzeptabel galten. Doch die immer aggressivere Sprache verschiebt allmählich den gesamten Rahmen des Sagbaren. Dabei spielt ein rhetorisches Mittel, das Framing, eine wichtige Rolle. Framing bedeutet, dass bewusst emotionalisierende Worte benutzt werden, deren Assoziationen die Meinung des Zuhörers oder Lesers beeinflussen, da sie direkt auf das Unterbewusstsein einwirken. Dies war schon immer ein Mittel der Politik, um Unterstützung im Volk zu erhalten und – wie in demokratischen Staaten – Wählerschaft zu gewinnen.
In Zeiten des Internets kommt allerdings noch ein weiterer Aspekt hinzu. In der Anonymität des Netzes kann jeder extreme Ansichten oder Beleidigungen äußern, ohne dafür Verantwortung übernehmen zu müssen. Somit finden destruktive Ideen und destruktives Vokabular große Verbreitung. Politiker, die sich diese Strömungen zunutze machen, arbeiten meist mit starken Vereinfachungen, die der Realität nicht gerecht werden, und polarisieren die Gesellschaft.
Diese enthemmte Sprache kann zur Folge haben, dass die wachsende Aggression zu Gewaltausbrüchen eskaliert. Deshalb fordert der Autor, dass dieser Art von Sprache keine Beachtung geschenkt, und bei den Menschen bereits in der Schule ein Bewusstsein für achtsamen und verantwortlichen Umgang mit Sprache geschaffen werden sollte.

Notizen